U0571616

新时代教师教育：武术

主　　编　　薛　欣
副主编　　杜银玲　　丁省伟
　　　　　　孙明明　　孙杭萍

北京理工大学出版社
BEIJING INSTITUTE OF TECHNOLOGY PRESS

内 容 简 介

本教材是国家级一流本科专业——体育教育、武术与民族传统体育的课程配套教材，是由杭州师范大学体育学院武术专业教师根据多年的实践教学经验，结合国家义务教育体育与健康课程改革需求，专门针对武术教育而编写的。本教材在编写体例上，实现大学、中学、小学一体化，体现出高校对基础教育的引领；在内容选择上，"摒弃大而全的竞技化知识，转向符合师范教育与基础教育的实用性知识"，打通了师范教育与基础教育在教学内容上的壁垒，符合"四新"教材建设中关于知识体系的要求；在相关技术学练方法上，符合《浙江省义务教育体育与健康教学指导纲要》"教材三个一"的要求，在课程教材和课堂教学中加强课程思政与中小学学科育人的新德育要求。

本教材内容由浅入深、难易适中、重点突出、可操作性强，可作为各级高校武术项目的教材，也可作为体育师范生和一线体育教师的参考用书。

图书在版编目（CIP）数据

新时代教师教育：武术／薛欣主编. --北京：北京理工大学出版社，2025.1.
ISBN 978-7-5763-4703-6

Ⅰ. G852.02

中国国家版本馆 CIP 数据核字第 20251U4R67 号

责任编辑：徐艳君　　　文案编辑：徐艳君
责任校对：刘亚男　　　责任印制：李志强

出版发行 ／ 北京理工大学出版社有限责任公司
社　　址 ／ 北京市丰台区四合庄路 6 号
邮　　编 ／ 100070
电　　话 ／ (010) 68914026（教材售后服务热线）
　　　　　　　(010) 63726648（课件资源服务热线）
网　　址 ／ http://www.bitpress.com.cn

版 印 次 ／ 2025 年 1 月第 1 版第 1 次印刷
印　　刷 ／ 涿州市京南印刷厂
开　　本 ／ 787 mm×1092 mm　1/16
印　　张 ／ 6.75
字　　数 ／ 156 千字
定　　价 ／ 36.00 元

前言

　　教材是教育过程中用于传递知识的材料，是教育理念的体现和教学实践的指南，是教育者和学习者之间沟通的桥梁。当今社会，体育教育不再仅仅是强健体魄的代名词，更是培养学生全面发展的重要途径。然而，以往术科课程教材存在着运动项目技术介绍过多、教学法知识过少、竞技化色彩过重、对中小学体育课程与教学改革的关注度不够、各版本雷同以及适用范围变小等诸多问题。随着"立德树人"成为我国教育的根本任务，基础教育改革走入了"核心素养"时代，教材的形态和功能发生着深刻的变化。面对体育教育中术科教材的诸多问题，"四新"（新工科、新医科、新农科、新文科）教材建设迫在眉睫。根据习近平总书记关于教育的重要论述和全国教育大会的精神，依据教育部"四新"建设及《浙江省高等教育"十四五"发展规划》有关要求，我们开启了武术教材的改革建设。

　　本教材试图从编写思路、内容选择、编写体例、应用指向、呈现方式上加以突破，坚持以问题与目标为导向，遵循系统思维与创新思维，回应新时代要求，努力在以下五个方面体现"四新"教材的特色。

　　一是在编写思路上，"突破武术项目竞技化思维，突出武术项目的教育学身份"。以往的武术教材，在教材体系上以项目发展历史、基本功练习、竞赛套路、竞赛规则与裁判法等内容为主，表现出明显的竞技化思维。由此带来的问题便是武术类项目在进入高等师范院校后教育学身份不够明确，仍然坚持着竞技化体系与思考方式。为此，本教材舍弃以往教材中对竞赛、裁判的过多阐述，转而更加关注对"如何教"的教学法知识的介绍，以期更加适应新时代武术与民族传统体育专业教材对专业认证、人才培养等方面的新诉求与新要求。

　　二是在内容选择上，"摒弃大而全的竞技化知识，转向符合师范教育与基础教育的实用性知识"。以往武术课程在教材上追求大而全的学科知识体系，教材内容或教学内容没有给予符合师范教育和基础教育需要的实用性选择。本教材结合多年的实践教学经验以及国家义务教育课程改革要求，对标《义务教育体育与健康课程标准（2022 年版）》，梳理中小学武术教材，遴选出"学生用得着、吃得饱、消化得了"的知识作为教材内容，体现高等师范体育教育与基础教育在教学内容领域的有机衔接。另外引入关于武德与术科课程德育方面的研究成果，体现了"四新"教材建设中的价值导向要求，即要求教材内容将知识性和价值性相统一，把德育教育融入教材编写中。

三是在编写体例上，"转变坚持学科化知识体系的思维，积极回应浙江省基础教育改革需要与国家教育改革诉求"，体现高校对基础教育的引领。以往术科教材对"如何教""如何育人"等内容不够关注，往往使教材的内容更新速度与基础教育改革和国家教育改革步伐不一致。本教材在编写体例上体现新时代学校体育与健康教学的"学、练、赛、评"的结构化要求，同时对教学方法进行了相应的革新与实践。传统的"填鸭式"教学被摒弃，取而代之的是更多富有创新性和趣味性的教学方法。比如，采用游戏化教学、情景模拟、团队合作等多样化的教学手段，让学生在轻松愉快的氛围中学习体育知识、掌握运动技能。该方面体现了"四新"教材建设中关于知识体系的要求，即教材编写应依据教材建设规划及学科专业或课程教学标准，服务于高等教育教学改革和人才培养。

四是在应用指向上，"打破大学教材大学生使用的思维，突出大、中、小学一体化的应用广泛性"。以往武术教材的使用范围或对象基本停留于本专业的本科生，中小学体育教师借鉴度不够。本教材引入了《浙江省义务教育体育与健康教学指导纲要》的"教材三个一"内容，以及德育教育等内容，这些内容不仅有利于师范院校专业教师的教学，也使中小学体育教师借鉴该系列相关教材成为可能，从而使教材的适用范围由体育专业师范生扩展到体育专业师资以及中小学体育教师，极大地提高了应用的广泛性与适用性。

五是在呈现方式上，体现出信息化、数字化等时代特征。教材嵌入二维码，呈现相应的练习，体现了"四新"教材建设中关于出版形式要求，即与现代信息技术融合，在纸质书中嵌入二维码，将教学手段方法创新及时应用到教材编写中。

本教材的编写者是高校和中小学的一线体育教师，具体由薛欣教授担任主编，由杜银玲、丁省伟、孙明明、孙杭萍老师担任副主编，书中的视频和图片来自孙明明、孙杭萍、王勇、赵家漩老师。

希望大中小学体育教师和同学们使用之后有一定的收获。由于编者水平有限，加之时间较为仓促，书中存在不足或疏漏之处，恳请各位专家、学者和广大读者批评指正。

编　者

目录

第一章　武术概述

第一节　武术的形成与发展

武术是以技击动作为主要内容，以功法、套路和搏斗为运动形式，注重内外兼修的中国传统体育项目。[①] 武术作为中国最具特色和影响力的传统体育项目，源远流长，在漫长的历史演进中，武术的内容不断丰富，形成了很多流派，同时武术的内涵和外延也不断发展变化。"武术"一词最早出现在南朝梁昭明太子萧统《文选》中——"偃闭武术，阐扬文令"，这里"武术"是指军事技术。春秋战国时期称武术为"技击"，汉代称武术为"武艺"，民国时期称武术为"国术"。武术也称为"拳勇""手搏""角力""自打""使拳""功夫""勇力""国技"等，中华人民共和国成立后统称武术。

一、武术萌生于原始社会时期

武术的源头，可以追溯到远古人类的生产劳动中。因为在远古时期，人类的生产力水平极其低下，外在的生存环境十分恶劣，为了生存，人类要与大自然进行搏斗。在原始的狩猎活动中，人类逐渐学会了奔跑、跳跃、击打、闪躲及运用石器、木棒等技能，再经过数万年基于本能的、自发的身体动作经验的积累，人类逐渐形成了一定的击刺技巧、攻防姿态与动作。在旧石器时代晚期，打制石器等生产工具有了较大发展。进入新石器时代，人类已经较广泛地运用弓箭进行狩猎。由于生产、狩猎工具的不断创新，人类在劈、砍、击、刺等动作方法上积累了更为丰富的经验，为武术的产生奠定了基础。

到了原始社会后期，伴随社会生产力的不断提高，私有制开始萌发，这导致氏族部落之间为了争夺地盘和财产，逐渐开始出现有组织的、规模较大的战争。而经常性地爆发部

[①]　蔡仲林，周之华. 武术［M］. 2 版. 北京：高等教育出版社，2009.

落战争不仅促进了人类战斗技能的提升，也有力地促进了器械技术的发展。如《世本》记载："蚩尤以金作兵，一弓，二殳，三矛，四戈，五戟。"与此同时，武术套路的雏形——"武舞"也出现了。"武舞"是对狩猎或战争场景的模拟，用以鼓舞士气、训练士兵。比如，这一时期的部落战争中出现了持盾和斧进行舞练的"干戚舞"。

从文化形态来看，原始社会的武术集多种功能于一体，是一种文化复合体。

二、武术成形于奴隶社会时期

夏朝的建立标志着中国从氏族社会过渡到奴隶制社会。夏、商、西周时期，青铜冶炼技术进步，促进了社会生产力的发展，而奴隶主为了追逐利益，促使战争日益频发，这在一定程度上推动了武术技术的发展。

在兵器方面，这一时期的兵器主要分为三类，即远射兵器（如弓箭）、格斗兵器（如戈、矛）和卫体兵器（如剑）。兵器的丰富也间接表明这一时期持械武术技能的多样化。比如，为了让士兵对武器的使用更熟练，"田猎"成为奴隶社会一种重要的军事训练手段。《礼记·月令》记载："是月（季秋之月）也，天子乃教于田猎，以习五戎，班马政。"

在徒手技术方面，出现了人与人相搏的记载。这种手搏之技不同于集体性的战斗方式，而体现为一种两两之间的个体性的搏斗形式。《礼记》云："孟冬之月，天子乃命将帅讲武，习射御，角力。"又云："凡执技论力，适四方，裸股肱，决射御。"这表明在周代进行武士挑选时，要考察武艺和勇力，在冬天要进行包括角力的武艺训练。与此同时，"武舞"也成为这一时期军事训练的一种重要手段，并且其活动样式和功能也有了新的变化。

据史料记载，这一时期的"武舞"大致可分为"大武舞""象舞"和"万舞"。以"大武舞"为例，大武舞是手执武器，编为队列，象征战阵。孔子云"夹振之而四伐"，郑玄注："夹振之者，王与大将夹舞者，振铎以为节也。""每奏四伐。一击一刺为一伐。"由此可以看出，"大武舞"是模拟士兵进攻动作的一种舞蹈形式，具有一定的实战性。

从文化形态来看，奴隶制社会时期的武术开始成为一种"准武术文化形态"，即文化形态尚不完整，但已经属于一种具有独立特征和质的区别的武术文化[①]。

三、武术发展于封建社会时期

随着社会生产力的提高，从春秋战国开始，奴隶制开始崩溃，中国社会逐渐步入漫长的封建社会时期。这一时期，武术逐渐分化为军旅武术和民间武术两大并行的体系，彼此之间相互影响和依存，构成了中国武术的基本格局。从文化形态来看，中国武术的文化体系日渐完善，武术的功能和技术也不断丰富，逐渐成为中华文化中一个独具特色的文化体系。

（一）隋唐五代以前，古代武术初步兴盛与完善

春秋战国时期的主要作战方式已由车战转为步兵和骑兵作战，兵器也由青铜制发展为

---

① 王国凡，唐世林.武术基础教程［M］.合肥：安徽教育出版社，2003.

铁制兵器，这些都为武术技术的发展创造了有利条件。由于主要作战方式的转变对士兵作战技能提出了更高的要求，因此各国统治者都更加重视士兵的考核、挑选、训练和奖励，特别是许多国家以军功授予田宅、爵禄的制度改革，极大地促进了习武活动在民间的广泛开展。而"侠"这一特殊群体的出现，进一步推动了民间传武和习武之风。与此同时，角力手搏、剑术技艺等以个体性为特征的武术活动有了较大发展。如《谷梁传·僖公元年》载，（鲁）公子友俘获了莒挐，他对莒挐说："吾二人不相说，士卒何罪？"然后"屏左右而相搏"。上述材料反映了当时手搏已经成为社会上较为普遍的一种徒手搏斗技能。

秦汉三国时期是中国封建社会的上升期，经济社会快速发展，也带动了武术的发展。这一时期武术由单纯的军事技能向竞技方向发展，如角抵、手搏、击剑等竞技项目盛行，同时也出现了刀舞、剑舞、钺舞等形式。如《史记·项羽本纪》中"项庄舞剑"。至此，武术已发展成为两大类别：一类是具有攻防格斗作用的、实用性较强的技术动作；一类是适应表演需要，把攻防技术反复加工提炼而成的套路技术。[①] 与此同时，这一时期的武术理论也有了较大发展，如在《汉书·艺文志》中，收录了《手搏》6篇、《剑道》38篇、射法若干篇。由此可知，这一时期的武术技术已上升为理论的高度，并且开始形成不同的流派。此外，这一时期还出现了与"武术"大致相当的名词"武艺"，用以指代射箭、击刺、徒手搏斗等攻防格斗技术，并沿用至明朝末年。例如，《三国志·蜀志·刘封传》中记载刘封"有武艺，气力过人"。

两晋、南北朝时期是一个分裂与动荡的时代，长期的战争和民族文化的交融，在一定程度上促进了武术的发展。但当时崇尚文弱，因此给武术的发展带来了不利的影响。不过当时偏安南方的贵族政权使娱乐、表演性的武术有了较大发展，如角抵戏、相扑活动、刀剑表演、刀楯表演、拍张、武打戏等。与此同时，武术还开始与佛、道文化相融合，少林武术及武术的内功修炼体系开始在这一时期发端。

隋、唐、五代十国时期，特别是在唐朝这一阶段，武术得到了较大发展。例如，唐长安二年（公元702年）开始实行武举制，用考试的办法挑选武勇人才，极大地提高了人们习武的热情，并由此产生尚武任侠之风气，有力促进了武术的发展。这一时期角抵盛行，角力、角抵、相扑、手搏等混称并用，不仅在统治阶级内部开展，在民间也十分普遍，并且相扑还向东传到了日本。当时还出现了专门记述角抵的书《角力记》。在器械武术方面，因为当时军队作战中，枪、刀是主要的兵器，因此枪术和刀术得到了较大发展，如众人熟知的秦叔宝、程咬金、尉迟敬德等都是善于马上用枪的高手。剑则正式退出战争的舞台，在民间发展起来，并沿着与舞相结合的方式，向套路技术方向迅速发展。此时艺术化的剑技活动（剑舞、剑器舞）达到了一个很高的水平，杜甫《观公孙大娘弟子舞剑器行》一诗就是明证。

（二）宋元时期，古代武术体系初步形成

两宋时期，宋朝与辽、金、西夏等少数民族长期处于对峙状态，战争频发，这也使统

---

① 马传浩. 中国武术简明教程［M］. 南京：河海大学出版社，2008：2.

治者十分重视武备。宋朝不仅制定了规范的军事训练和考核制度，还恢复了武举制和武学，用以选拔和培养军事人才。这一时期的兵器种类愈加丰富，除了刀、枪、剑、弓、弩等常用兵器，还有棒、斧、鞭、锏等。兵械形制的增多，使武术器械的使用方法多样化，促进了武术器械技艺的提高。与此同时，还出现了以娱乐健身、自保御敌为目的的武艺结社组织，影响较大的有习射练刀的"弓箭社"、习枪弄棒的"英略社"、射弩为主的"锦标社"、寓兵于农的抗金组织"忠义巡社"等。此外，在娱乐性游艺场所中还出现了以习武卖艺为生的民间艺人，这些艺人通过"使拳""使棒"或"打套子"来招揽观众。武术术语中的"套子"一词，也首见于此。所谓"套"，是指一种"势势相承"的预设性编排，"套子"也就是现在所称的"套路"。对于武术而言，套子（套路）的出现是古代武术发展至宋代趋于成熟的一个显著标志，奠定了中国古代武术的基本格局。

元朝时期由少数民族执政，严禁民间习武，并将相关内容写入官方刑法，这在很大程度上阻碍了民间武术的发展。朝廷的禁武政策，使元朝民间的武术逐渐转入秘密的家庭式、社团式传承。同时，元代兴盛的戏曲艺术中吸收了部分武术的内容，其中的武打戏使武术在舞台艺术上有了新的发展，拓宽了武术的功用，但也导致"花法武术""虚套武术"盛行。而为保持军队的战斗力，元朝统治者在军队大力开展骑射、摔跤等项目。

（三）明清时期，古代武术蓬勃发展

明朝时期，中国古代武术迎来了新的发展机遇，这一时期不同风格、不同流派的拳术林立，十八般武艺也有了具体的名称内容。以此为标志，中国古代武术体系正式形成。这一时期武术形成了较为完整的技术结构，很多拳械之术由各种简单的招势形成完整的套路并定名，如温家七十二行拳、三十六合锁、孙家披挂拳、赵家拳、沙家枪等。同时，明代武术家总结了较为丰富的武术理论，使古代武术的理论框架体系逐渐成形。唐顺之《武编》、俞大猷《正气堂集》、戚继光《纪效新书》、程宗猷《耕余剩技》、郑若曾《江南经略》、茅元仪《武备志》等武术著作出现。其中程宗猷《单刀法选》中所绘制的刀、棍等套路演练步法线路图，是最早的武术套路图谱，至此武术套路正式形成。此外，为选拔和培养优秀的军事人才，明朝武举和武学制度重新复设，也有力推动了军旅武术的发展。

清朝时期，随着时代的发展，热兵器逐渐取代冷兵器成为军队的主要战力，武术也逐渐退出军事领域，转而在民间兴盛起来。武术防身自卫、强身保健、修身养性、审美娱乐的多种功能逐渐为人们所重视，其中以健身为习武目的的发展趋势，为武术在后来体育领域的发展奠定了基础。这一时期武术流派进一步发展，主要可分为以下三类：一是类同合流、壮大拳派，如少林拳派；二是繁衍支派，发展拳派，如太极拳，在继承传承的基础上，形成新的技法特色，促成了该拳种新流派的产生；三是融汇诸家，创立新派，如蔡李佛拳、形意拳、八卦拳。[①] 此外，这一时期通过不断汲取中国传统文化的精华，武术理论得到了进一步的丰富和发展，主要表现在以下四个方面。一是武术整体观的完善。在融合

---

① 国家体委武术研究院. 中国武术史 ［M］. 北京：人民体育出版社，1997：314-322.

"天人合一"观的基础上，清代武者提出了"内外合一""形气合一""身械合一"等整体观理论。二是哲理化拳派的出现。这一时期出现了太极拳、八卦掌、形意拳等以传统哲学名词命名，并以哲理阐发拳理的拳术和拳派。三是武技与气功的交融。清代武者广泛吸收气功功理和锻炼理念，促进了武术内功体系的完善。四是武术著作的丰富。《手臂录》《拳经拳法备要》《内家拳法》《苌氏武技书》《六合拳谱》《太极拳谱》等一大批经典武术文献相继问世。

四、武术转型于民国时期 》

1911 年辛亥革命推翻了中国两千多年的封建君主专制制度，1912 年民国政府成立。民国三十八年的时间里，中国社会经历着剧变，武术也开始了自己的转型之路。虽然近代以来，武术在军事上的地位逐渐被削弱，但它却积极适应时代变化，不断释放其强身自卫功用，逐步成为中国近代体育的有机组成部分，主要表现在以下五个方面。

一是成立武术社团组织，推动武术普及和发展。其中影响比较大的有"精武体育会""北京体育研究社""中华武术会""中央国术馆"等，这些武术组织以研究武术和开展武术活动为宗旨，推动了武术社会化的进程，使武术由自发的、适合于个体的形态逐渐转变成一种适合于群体的大规模的社会化文化形态。

二是武术正式进入学校体育课程。1915 年 4 月，在天津召开的全国教育联合会第一次会议上，北京体育研究社委托北京教育会代为提出《拟请提倡中国旧有武术列为学校必修课》议案。教育部采纳了此建议，明令"各学校应添授中国旧有武技"。至此，有了明确的政策支撑，武术被列入各级学校体育课程。1918 年全国中学校长会议决议将"中华新武术"列为全国各中等学校正式体操，教育部即通令各校实行。同年，第四次全国教育联合会上也通过了以"中华新武术"为全国高等以上学校并各专门学校之正式体操的建议。1919 年，国会通过以上建议并令全国实行。此后，教育部还陆续在其颁布的正式中学、小学、师范学校和大学体育课程标准中，对武术在体育课中应占的课时和武术课的内容进行了规定。武术成为学校体育课的内容，使武术的传承方式由传统的师徒相承转变为课堂集体教学，对编写武术教材、研究武术理论和技术都起到了一定的促进作用。

三是武术竞赛活动广泛开展。随着人们对体育、武术本质的认识不断深化，武术的竞技价值也逐渐得到肯定，人们认为"欲振兴国术，非积极提倡比试不可"。同时，在西方竞技体育的影响下，武术逐渐走向现代体育运动会的竞赛场。民国时期，全国、大区、省、市不同级别的体育竞赛已初步形成制度，并在地区性及全国运动会上陆续推出武术竞赛项目。如 1914 年 11 月江苏召开第一届省联合运动会时，谭腿、功力拳、刀术、柔术以及其他一些拳技作为武术表演和比赛项目出现了。1933 年在南京举行的第五届全国运动会，设立了男子组和女子组国术锦标赛。1934 年举行的第 18 届华北运动会，武术表演赛分为单练拳术、对练拳术、单练器械、对练器械四项，进行分项比赛评奖。这一时期的武术，除参加综合性运动会外，还组织了武术运动会。1923 年 4 月在上海举行的"中华全国武术运动会"，是武术史上第一次单项运动盛会，会上有团体、单练、对手三种形式，共百余个项目。这次武术运动会改变了庙会献技与擂台打擂的传统竞赛形式，采用了近代体育竞赛的形式。1928年和1933年，南京中央国术馆共举办了两届"国术国考"，也都是按照现代体育竞赛形式进行的。武术进入运动竞赛场，使民国时期的武术得到进一步的发展，使武术改变了传统的竞赛形式，在向现代体育演进的过程中迈出了可喜的一步。

四是武术研究逐步开展。面对西方体育的强烈冲击，人们开始用科学的方法研究我国传统的武术，一些有价值的武术论著先后出现，武术研究工作逐步展开。例如，武术史学家唐豪先后撰写了《太极拳与内家拳》《少林武当考》《行健斋随笔》《内家拳》《中国武艺图籍考》等，此外，还有孙禄堂的《八卦掌学》《太极拳学》《拳意述真》，刘殿操的《形意拳术扶微》，吴志青的《教门弹腿图说》，许厚的《太极拳势图解》，陈微明的《太极拳术》，徐致一的《太极拳浅说》等。这一时期还出版了一批武术刊物，如《国术周刊》《国术季刊》《国术特刊》《体育季刊》《武术会月刊》等，这些刊物发表了诸多有关武术研究的文章，在研究武术、宣传武术方面作出了积极贡献。

五是武术开始有组织、有计划地在海外传播。例如，精武会总部率先向海外派出武术名师到各分会执教；1929年8月，福建永春组成闽南国术团，赴新加坡和马来西亚各地巡回表演；1936年8月，第11届柏林奥林匹克运动会上，中国派出了由11人组成的国术表演队。中国武术在世界各地的亮相，为武术的国际化发展奠定了良好的开端。

五、武术新生于社会主义时期 》》

1949年10月1日，中华人民共和国宣告成立。此后，武术作为社会主义体育事业的一个重要组成部分，其性质、地位、目的、作用也发生了根本变化，开启了新的篇章。七十多年来，武术事业始终沿着新中国体育的发展道路及武术自身的发展规律向前迈进，虽然在这个过程中经历了一些挫折，但始终坚持着为人民服务的初心，不仅在增强人民体质、促进人民健康、丰富人民精神世界中发挥了重要作用，也在弘扬中华优秀传统文化、振奋民族精神、促进经济社会发展、推动世界和平交往等方面发挥了积极作用，创造出了光辉的历史业绩。主要有以下六个方面的表现：

一是武术管理体制的形成与完善。1952年国家体育运动委员会①（以下简称国家体委）成立后，设立了民族形式体育研究会，主要负责对武术等民族形式体育的挖掘、整理工作。随后，国家体委又于1955年在运动司下设武术科，专门负责武术工作，之后又将武术科升格为武术处，负责国家对武术方针、政策的贯彻执行和武术的普及推广、竞赛组织等工作，并指导各地群众武术组织的活动。1958年9月在北京成立的第一届中国武术协会，以及随后各地方成立的武术协会，形成了一个较为完善的武术协会组织系统。随着武术事业发展的需要，1986年经国务院批准在北京正式成立国家体委武术研究院。1987年9月，国家体委决定将体委训练竞赛四司的武术处，合并到国家体委武术研究院，统一管理

---

① 1998年改为国家体育总局，沿用至今。

全国武术工作及对外推广工作。1990 年，中国武术协会进行实体化改革，既成为中华全国体育总会的团体会员，又是国家直属事业单位，在对本项目的业务管理上拥有部分行政职能。为进一步理顺关系，完善管理体制，1994 年国家体委下发了《关于国家体委武术协会更名为国家体委武术运动管理中心的通知》，实际上在保留中国武术协会的名义下，增设了国家体委武术运动管理中心。最终通过中国武术协会"实体化"和实施会员制度、段位制，以社团形式组织开展全国武术工作，并代表中国参加国际武术活动，逐步建立健全了全国武术管理的组织体系。日趋完善的武术管理体制，为武术运动的健康发展提供了组织上的有力保证，使武术运动不仅在科学化、规范化和社会化方面取得了长足的进步，也使武术国际化取得了极大的发展。

二是武术竞赛体系的形成与完善。1953 年 11 月，我国在天津举行了以武术为主要内容的全国民族形式体育表演及竞赛大会，这标志着武术作为体育项目开始进入竞赛领域。1958 年 9 月在北京举行了有 27 个省市单位参加的全国武术运动会。会后，由中国武术协会组织部分专家，起草了中国第一部以长拳、南拳和太极拳为主要竞赛内容的《武术竞赛规则》，并于 1959 年由国家体委正式批准公布施行。此后，为适应竞赛需要，《武术（套路）竞赛规则》进行了多次修订，使武术比赛的评判更具客观性。自 1990 年第 11 届亚洲运动会（以下简称亚运会）起，武术成为亚运会的正式比赛项目；自 1997 年第 8 届中华人民共和国全国运动会（以下简称全运会）开始，武术不仅是全运会正式比赛项目，而且是全运会的唯一非奥运会项目。伴随武术套路竞赛制度的不断完善，武术格斗竞赛也开始出现。1989 年国家体委颁布实施《武术散手竞赛规则》，全国散手比赛也同时正式登台亮相。1999 年，为了使散手竞赛进一步规范化和突出民族特色，经研究决定，将散手正式改名为"散打"。2004 年，为了使国内散打比赛与国际散打比赛接轨，我国对《武术散打竞赛规则》进行了重新修订，并在同年的全国武术散打锦标赛上开始实行。目前，主要的竞技武术比赛有全国武术（套路、散打）锦标赛和冠军赛，亚洲武术（套路、散打）锦标赛，亚洲青少年武术（套路、散打）锦标赛，世界武术（套路、散打）锦标赛，世界青少年武术（套路、散打）锦标赛，世界杯武术散打比赛，综合性赛事中的全运会武术（套路、散打）比赛、亚运会武术（套路、散打）比赛和夏季青年奥林匹克运动会（以下简称青奥会）武术比赛等。

三是学校武术的发展与完善。中华人民共和国成立后，为了继承、发展这一民族传统体育项目，武术被列为大、中、小学的体育教学内容。1956 年，教育部颁布的中国第一部全国通用的中小学体育教学大纲中就有武术方面的内容。1961 年，武术被正式列入该年编订的全国大、中、小学体育教学大纲。大纲规定，小学、中学均有武术课，小学每学期 6 学时，中学 8 学时。进入 20 世纪 80 年代，武术在学校体育教育中进一步受到重视。1987 年颁布的《全日制小学体育教学大纲》，明确把武术列为三至六年级的基本学科之一，包括武术操、简单的拳术套路。1988 年在修订中小学体育教学大纲时，将武术这一科目名称改为"民族传统体育"，除了教授武术基本功、基本动作、组合动作和套路，又增加了五禽戏和八段锦，并从初中一年级开始增加攻防动作。该大纲于 1990 年颁布施行。2000 年12 月教育部颁发了全日制小学、初级中学体育与健康教学大纲，将"民族传统体育"改为"武术"，列为必修教学内容。此后，武术又随课程改革融入体育与健康课程标准的各个版本之中，如《义务教育体育与健康课程标准（2011 年版）》将课程分为运动参与、运动技能、身体健康、心理健康与社会适应等学习方面，其中在运动技能的学习方面，无论是在小学阶段还是在初中阶段，都特别重视选择武术等民族民间传统体育活动项目进行学习。《义务教育体育与健康课程标准（2022 年版）》将课程内容分为基本运动技能、体能、健康教育、专项运动技能、跨学科主题学习等五个方面，其中在专项运动技能中包含中华传统体育类运动（含武术），强调武术教育的民族性。与此同时，中华人民共和国在成立后也开始了各类武术专业人才的培养工作。1954 年各地体院（系）把武术列为专项选修课，1958 年上海体院和北京体院设立武术系，1963 年北京体院开始招收武术专业研究生。1977 年各体育院系开始恢复招收武术本科生，1978 年恢复了武术研究生的招生工作，1997 年上海体院开始招收武术学科的博士研究生。时至今日，已有 50 多所院校开设了武术与民族传统体育专业，培育了大批竞技训练、研究教育和传播推广型的武术人才。

四是社会武术的发展与完善。普及与提高相结合是我国发展武术运动基本方针之一。中华人民共和国成立后，为发展武术运动，国家将武术列为体育竞赛项目，通过制定《武术竞赛规则》，组织整理出版"简化太极拳"和一大批拳、械套路，挖掘整理传统武术活动，举办全国民间演武大会，开展评选"武术之乡"活动，实施中国武术段位制，推进"武术六进"工作等措施，极大地促进了武术运动的普及。与此同时，在国家体委的统一指导下，各地相继成立各种武术组织，形成了一个广泛性的群众性武术活动网。进入 20世纪 80 年代，群众武术活动被公开纳入经济活动中。自此，以经营武术为产品的武术经济迅速发展起来。武术教育培训业、武术竞赛业、武术表演业、武术节庆活动、武术旅游业、武术创意游戏业、武术产品制造业等都得到了较大发展，并不断完善。以武术表演业为例，主要分为以下三类：一是武术影视表演，《黄飞鸿》《笑傲江湖》《精武英雄》《功夫》《霍元甲》《叶问》等一系列武侠影视精品在为我们提供视觉盛宴的同时，也创造出了不菲的经济价值；二是武术表演欣赏，这类主要体现为大型晚会、实景表演，以及体育赛事开、闭幕式中的武术表演，如春晚节目中《功夫世家》《盛世雄风》等武术表演；三是武术电视节目，其中较为著名的有《武林风》与《武林大会》等①。

五是武术国际化的发展与完善。把武术推向世界，扩大中国武术在海外的影响，对传播中华民族的特有文化，发展国际交流，增进世界各国人民之间的友谊，都有着深远的意义。1960 年，中国武术队出国访问捷克斯洛伐克，这是中华人民共和国成立后武术代表团第一次出国访问。同年年底，中国武术队又赴缅甸做巡回表演，从此揭开了武术对外交流的序幕。随后，国家和地方曾多次派遣武术团队到国外表演、访问，这些活动不仅扩大了中国武术在海外的影响，同时为我国的外交工作作出了贡献。1982 年 12 月，国家体委在北京召开的全国武术工作会议上提出"要积极稳步地把武术推向世界"。在这一方针的指导下，中国开始有计划、有步骤地选派优秀武术教练员赴境外国家或地区进行援外教学，

---

① 王龙飞，姚远，金龙. 市场经济下我国武术经济发展研究［J］. 山东体育学院学报，2011，27（4）：1-6.

并在国内外举办了一系列武术运动员、教练员、裁判员的培训班，培养了一大批国外武术骨干力量，为武术推向世界打下了坚实的基础。在这个过程中，国际、洲际武术组织也相继成立：1985年11月，在意大利波伦亚市成立了欧洲武术协会；1986年11月5日，在阿根廷成立了南美武术联合会；1987年9月25日，在日本横滨成立了亚洲武术联合会；1989年由扎伊尔牵头成立了非洲武术联合会；1990年10月3日，国际武术联合会（以下简称国际武联）在北京正式成立。截至目前，国际武联拥有来自五大洲160个国家或地区的会员协会。这些国际、洲际武术组织的成立标志着武术在世界范围内开始走向联合和统一的道路，使国际武术运动跨入了新的发展阶段。

六是武术理论研究逐步深入。对武术理论展开系统而深入的研究是武术发展的一个重要方面。早在1952年，国家体委成立后就设立了民族形式体育研究会，主要负责对武术等民族体育的挖掘、整理工作。1982年的全国武术工作会议明确指出"必须加强武术的科学研究和理论建设"。1983年至1986年，全国开展了武术挖掘整理工作，查明了全国源流有序、拳理明晰、风格独特、自成体系的拳种129个。1986年成立了中国武术研究院，1987年成立了中国体育科学学会武术学会（后更名为武术分会）。各省、市、县也先后成立相应的武术学会、研究会、研究社等，从上到下组成了一支浩浩荡荡的武术科学研究队伍。这些组织的建立为武术的科学研究带来了组织的保障，每年都组织开展了大量的国际级、国家级、省市级的武术学术活动。而这些活动的开展，推动了武术研究成果的产出，促进了武术学术体系架构的日趋完善。

第二节　武术的内容与特点

一、武术的内容 》》

武术的内容非常丰富，按照不同的分类标准可分为不同类别。例如，传统的分类方法中，以是否"主搏于人"而分为内家与外家，按山川、地域分为少林、武当、峨眉等门派，按习武范围与目的分为竞技武术、学校武术、民间传统武术和军事武术等。每种分类方法各有所长，也有其不足之处。本书采用学界通用的分类方式，按照运动形式的不同，将武术分为以下三大类。

（一）功法运动

功法运动是以单个动作为主进行练习，以达到健体或增强某方面体能的运动。功法运动主要为武术套路和攻防格斗服务，但也有只练习功法运动、以健身为目的的练习者。例如，专习"浑元桩"可以调心、调身、调息，长时间站"马步"可以增强腿力，练习"排打功"可增强人体抗击打能力，练习"打千层纸"可以提高击打能力，等等。

传统功法运动的内容丰富多彩，按其形式与功用又可进一步分为以下四类：

1. 内壮功

内壮功又称"内功""内养功"或"富力强身功"，泛指习武者通过专门的训练方法和手段，对人体内在的精、气、神及脏腑、经络、血脉等进行修炼，以达到精足、气壮、神明、内脏坚实、经络畅通、内壮外强的功效。虽然所有的拳术流派都讲究"内练一口气"，但对"内练一口气"的讲究却并不完全一样。以少林拳为代表的外家拳，练气的方法基本上是硬气功的方法，以短促的喷气行气方法练出刚猛之气，增强人的气力和抗击打能力。而以武当拳为代表的内家拳，则继承了道教的练气法，练的是柔和的浑元气、先天气。内壮功有很多具体的练习方法，从锻炼的形式与方法上看，大致有静卧的方法、静坐的方法、站桩的方法和鼎桩的方法四种。

2. 外壮功

外壮功又称"外功"，泛指习武者通过专门的训练方法和手段，使身体具有比常人强的击打、抗击打、摔跌、磕碰的能力，以达到强筋骨、壮体魄之功效的功夫运动。传统的鹰爪功、金刚指、铁砂掌、打千层纸以及各种排打功等，都属于外壮功。外壮功一般与内壮功结合进行修炼，即所谓的"内练一口气，外练筋骨皮"。

3. 轻功

轻功又称"弹跳功"，泛指通过各种专门的练习方法和手段，增强弹跳能力，以达到蹦得高、跳得远之功效的功法运动。

4. 柔功

柔功，泛指通过各种专门的练习方法和手段，以达到提高肢体关节活动幅度和肌肉伸展性能的功法运动。武术基本功中的各种压腿、搬腿、撕腿、劈叉腿、下桥、压肩等，都属于柔功。

（二）套路运动

套路运动是指以技击动作为内容，以攻守进退、动静疾徐、刚柔虚实等矛盾运动的变化规律为依据编成的组合及整套练习。按照练习时的人数多少，套路运动又分为单练、对练和集体演练。

1. 单练

单练指个体独自进行套路练习的方式。根据练习时是否手持器械，单练又分为拳术和器械运动两类。

拳术是指徒手练习的套路运动。拳术的种类很多，有长拳、南拳、太极拳、形意拳、八卦拳、八极拳、通背拳、壁挂拳、地躺拳、象形拳等。

器械运动是指手持武术兵器进行练习的套路运动。器械又可分为：①长器械，如枪、棍、大刀、朴刀等；②短器械，如刀、剑、铜、匕首等；③双器械，如双刀、双剑、峨眉刺、铁筷子等；④软器械，如九节鞭、三节棍、绳镖、流星锤等。目前，武术竞赛中主要的器械项目是刀、枪、剑、棍。

2. 对练

对练是指在单练的基础上，由两人或两人以上组成，在预定条件下进行的假设性攻防练习的套路形式。其中包括徒手对练、器械对练、徒手与器械的对练等。徒手对练有三人对拳、形意拳对练、八卦掌对练、长拳对练、女子对拳、醉拳对长拳、醉汉擒猴等；器械对练有大刀对枪、单刀对双枪、单刀进双枪、三节棍对棍、大锤对扁担等；徒手与器械对练有空手夺刀、空手压棍、空手进双枪等。

3. 集体演练

集体演练是指多人（竞赛中通常要求 6 人以上）徒手、器械或徒手与器械同时进行演练的套路形式。练习时可变换队形，可用音乐伴奏，要求队伍整齐，动作协调一致。如集体少林拳、集体岳家拳、集体刀、集体棍、集体枪等。

（三）搏斗运动

搏斗运动是指两个人在一定条件下按照一定的规则进行斗智、较力、较技的实战攻防格斗。目前开展较为普遍的有散打和推手，尚未普遍开展的有短兵和长兵。

1. 散打

散打又称散手，古称手搏、白打等。由于比赛是采用徒手相搏的运动形式在擂台上进行，又称"打擂台"。现在的散打是两人按照一定的规则使用踢、打、快摔等方法制胜的竞技项目。

散打最早的形式是起源于秦汉时期的角抵（相扑），到宋代又发展为散手擂台赛。据《水浒传》的描写，北宋时期，无论是皇宫校场还是勾栏瓦舍，都盛行打擂台。大家熟知的燕青打擂的故事，《杨家将演义》中杨七郎打擂的故事，还有民间流传的所谓打擂招亲的故事，都是这种散手擂台赛发展和成熟的表现。中国武术是在各种形式的实战中发展起来的，中国武术离不开实战的考验，离开了实战，仅靠花拳绣腿，中国武术不可能发展起来。近年来，散打深受世界各国的欢迎，中国的一位散打高手就曾经与泰拳和美国拳击的高手交手，并取得了较好的战绩。

2. 推手

推手是两人遵照一定的规则，使用掤、捋、挤、採、捌、肘、靠等技法，双方粘连黏随，寻机借力发力将对方推出，以此决定胜负的竞技项目。

3. 短兵

短兵是两人手持一种特制的短器械，遵照一定的规则，以剑法和刀法为主要攻防方法进行比赛的竞技项目。

4. 长兵

长兵是两人手持一种特制的长器械，遵照一定的规则，以棍法和枪法为主要攻防方法进行比赛的竞技项目。

二、武术的特点

（一）动作具有攻防技击含义

武术作为体育项目，动作具有攻防技击性仍然是它的本质特征。例如，散打的技术与实用技击术基本是一致的，集中体现了武术攻防格斗的特点，只是从体育的观念出发，以不伤害对方为原则，严格规定了禁击部位和保护器具。作为中国武术特有表现形式的套路运动，虽然拳种不同、风格各异，有的还具有地方特色，但无论何种套路，其特点都是由踢、打、摔、拿、击、刺等攻防动作构成套路的主要内容。虽然套路中不少动作的技术规格在原技击动作的基础上略有变化，或者因连接贯串及演练技巧的需要，穿插了一些不具备攻防意义的动作，但通过一招一式表现攻与防的内在含义仍然是其核心。

（二）动作具有内外合一、形神兼备的特点

既讲究动作形体规范，又要求精气神传意，内外合一，是中国武术的一大特色。所谓"内"，指人的精神、意识和气息的运行；所谓"外"，指人体手眼身步的活动。例如，太极拳要求"以意识引导动作"，形意拳讲究"内三合、外三合"。套路演练在技术上特别要求把内在的精气神与外部的形体动作紧密结合，做到手到眼到、形断意连，使意识、呼吸、动作协调一致。这一特点充分反映了武术作为一种文化形式在长期的历史演进中备受中国古代哲学、医学等的渗透和影响，形成了独具民族风格的运动形式和练功方法。

（三）内容丰富具有广泛的适应性

武术的内容和练习形式丰富多样，不同的形式和内容都有与其相适应的各种练功方法，其动作结构、技术要求、运动风格和运动量不尽相同，分别适应不同年龄、性别、职业、体质的需要，人们可以根据自己的条件和兴趣爱好加以选择。同时，武术运动不受时间、季节的限制，场地器材也可以因陋就简，这种广泛的适应性给开展群众性体育活动创造了有利条件。

第三节　学校武术教学

一、学校武术教学的基本特征

（一）重视武德思想教育

武德是习武者必备的道德品质和行为准则。武术教育历来重视武德，以"尚武崇德"为武术教育的基本原则之一，培养学生养成"尚武崇德"的精神。尚武者在坚持不懈的武

术锻炼中，不断强健体魄，提高攻防技术，这是"尚武"能培育"自强不息"的精神所在。武术传习中，强调武德教育，要求习武者具有手德、口德、公德。也就是说，习武者不得以武力伤人，不得以语言中伤他人，不得做扰乱社会治安的事。武术教学要结合武术的特点及教学规律，首先要重视对学生的武德教育，明确习武目的，端正学习动机；培养学生虚心好学、刻苦锻炼的学风；继承尊师爱生的传统习尚，加强遵纪守法的道德教育。

（二）注重直观教学，以领做为主

在武术教学中，学生常遇到的是"三多"问题：一是动作数量多，无论徒手或器械，每一个套路都有十多个甚至数十个动作；二是方向路线变化多，往返折叠，左旋右转，路线复杂；三是每个动作包含的因素多，包括手眼身法步的协调、精神气力功的配合等。此外，动作之间的前后衔接是否连贯、节奏是否分明等问题时常困扰初学者。因此，武术教学历来讲究"口传身授"，即教师格外注重直观的演示，身体力行，多以领做为主，配合语言提示，使学生通过反复练习掌握动作。

武术教学可通过各种技术录像带或光盘进行直观教学，这种方式具有技术动作规范统一、可反复对照的特点，具备条件的学校可通过大屏幕进行对照演练，配合教师的示范、讲解，提升教学效果。

（三）结合攻防动作讲解示范

源于战斗并对搏击技术素材加以总结的武术运动，其动作具有攻防技击含义。因此，在教学中教师应结合武术动作的攻防性质进行讲解示范，使学生明确动作的技击意义，加深对动作的理解，提高学习武术的兴趣，帮助学生正确掌握动作要领。同时，教学中要结合武德教育，着重体现攻防动作防身自卫的实用价值和作用。

（四）强调动作规范，突出不同拳种风格

在武术教学中，在学生已经弄清动作的往返路线后，教师应进一步强调动作的准确性，要求动作符合规范，做到"势正招圆"。另外，还要突出劲力和精神，做到劲力饱满、精神抖擞、内外合一，这样才能反映武术的技击特点。

不同的武术组合或套路，表现的拳种风格各异，规范地掌握这些组合或套路，才能展现拳种技术特点。技术动作是表现拳种风格的前提和基础，劲力、节奏、结构和精神是演练风格各异的武术套路的关键。

（五）注重内外兼修，提高演练技巧

武术套路内外兼修的特点十分突出。"内"是指心、神、意等心智活动和气息的运行，"外"是指手眼身步等形体活动。内与外、形与神是相互联系的统一整体，习武可以全面提高有机体机能。在教学中，教师应通过各种方式和方法强调内与外的和谐，让学生身心得到全面锻炼。

任何技术动作的掌握都有一定技巧，了解这些技巧会有效地促进对技术动作的规范掌握。武术组合或套路的掌握必须建立在熟练的基础上，熟能生巧，巧可促练。达到了一定

的熟练程度，自然能够娴熟地演练组合或套路，做到心动形随、行断意连、出神入化，内外兼修、体现风格。通过练习，学生能够不断提高套路演练的艺术性，以此提高艺术修养。

二、学校武术的整体教学

武术作为中华民族传统文化的重要组成部分，既是一种体育运动，又是一种独特的文化表达方式。在武术运动的整体教学中，我们不仅要注重技能的传授，更要关注学生潜能的挖掘和文化的传承。

（一）基础技能的培养

基础技能包括基本的身法、步法、手法，以及拳法、器械等技能。在教学过程中，教师要注重动作的规范性和准确性，确保学生能够正确理解和掌握每一个动作要领。同时，教师要通过反复练习和纠错，帮助学生形成正确的运动习惯和动作记忆。

（二）注重学生潜能的挖掘和个性的发展

每个学生都有其独特的身体条件和性格特点，教师应该根据学生的实际情况，制定个性化的教学方案。应通过有针对性的指导和训练，帮助学生发掘潜能，提升其武术技能的水平。同时，教师要关注学生的心理健康，培养学生的自信和团队合作精神，让学生在武术运动中实现全面发展。武术运动不仅是一种体育运动，更是一种文化载体。

（三）注重武术文化的传承和价值观的塑造

教师要向学生传授武术的历史渊源、文化内涵和道德规范，帮助学生了解武术的精神实质和核心价值。同时，教师要通过武术教学，培养学生的爱国主义精神、集体荣誉感，帮助学生树立高尚的道德情操，让学生在掌握技能的同时，也感受到中华文化的博大精深。

（四）注重教学方法的创新与实践

传统的教学方法可能过于注重技能的传授和动作的模仿，而忽视了对学生创新思维和实践能力的培养。因此，教师要不断探索和尝试新的教学方法，如情景教学、项目式教学等，以激发学生的学习兴趣和积极性。同时，教师要注重实践教学，组织学生参加各类武术比赛和展示活动，让学生在实践中检验学习效果，提升综合素质。

三、武术运动技能教学内容标准

武术作为中华民族的文化瑰宝，具有深厚的历史底蕴与极高的实战价值。因而，在武术运动技能教学的过程中，教师既要确保内容的科学性和有效性，又要兼顾文化传承与创新。

（一）教学内容以基本功为基础

扎实的功底是武术技能提升的前提。在教学过程中，应注重学生的身体素质训练、柔韧性提升及基本动作的规范练习。这些基础内容的教授，不仅有助于学生在后续学习中更快地掌握高难度技巧，更能培养他们的毅力与耐心，为武术精神的传承打下基础。

（二）教学内容涵盖经典招式与实战技巧

传统武术中的招式与技巧蕴含着丰富的文化内涵与实战智慧，教授这些经典内容，可以让学生深入了解武术的精髓，感受中华文化的博大精深。同时，实战技巧的传授也是必不可少的，这有助于提高学生的自我保护能力，使其在面临危险时能够迅速作出反应。

（三）教学内容与时俱进

目前现代武术运动已经融入更多的竞技元素与科技手段，如武术套路比赛、武术散打比赛等，因此，教学内容应与时俱进，适当引入现代武术竞技项目的技能与规则，让学生能够更好地适应现代武术运动的发展需求。

此外，在教学过程中，我们还应关注学生的个体差异与兴趣需求。每个学生的身体条件、学习能力及兴趣爱好都不尽相同，因此教学内容应具有一定的灵活性和针对性。教师可以通过制订个性化的教学计划，激发学生的学习兴趣，帮助他们在武术的道路上取得更好的成绩。

四、武术运动技能大单元教学

大单元教学法强调教学的整体性和连贯性，将武术运动技能按照其内在的逻辑关系划分为若干个大单元。每个大单元都包含一系列相关的技能和动作，通过循序渐进的教学，使学生逐步掌握并熟练运用这些技能。这种教学方法有助于学生在理解武术技能整体框架的基础上，逐步深化对各个技能点的认识，为武术运动技能的传授提供了有效的途径。

在大单元教学的实施过程中，教师需要充分考虑学生的实际情况和学习需求，制订科学的教学计划。首先，教师要对武术运动技能进行系统的梳理和分类，明确每个大单元的教学目标和重点。其次，教师要采用多种教学方法和手段，如示范教学、分组练习、互动讨论等，激发学生的学习兴趣和积极性。最后，教师要注重对学生的评价和反馈，及时发现问题并进行针对性的指导和纠正。

第二章 武术套路运动的教学

第一节　武术套路运动的学科知识

武术套路运动是指以攻守进退、动静结合、刚柔虚实等矛盾运动的变化规律为依据编成的组合及整套练习。按照练习时的人数多少，套路运动又分为单练、对练和集体演练。项目中常见武术技术包括拳法、腿法、步型、步法、跳跃、翻腾等技术。高等师范院校体育专业教学一方面需要考虑所学武术动作和技术能否满足今后中小学体育教师的教学需求，做到基础扎实；另一方面也要结合实际的学时情况，在有限的教学时间内将学生应掌握的基础与核心武术技术精准传授，做到技艺精通，避免因内容过量导致吸收不良的状况。因此，结合《义务教育体育与健康课程标准（2022年版）》及具体的学时安排，高等师范院校体育专业在武术技术教学内容上可以重点考虑拳术套路和器械套路。

一、学科价值

（一）修其身

中国武术的精髓在于其内外兼修的独特运动观。它强调的不仅是形体动作的规范与准确，更追求内在精气神的传递与融合。在这里，"内"蕴含了人的精神意识与气息的流转，"外"则涵盖了手眼身步的协调运动。武术的众多流派均遵循"内练精气神，外练筋骨皮"的准则，如形意拳注重"内三合，外三合"的和谐统一，太极拳则强调以意识引领动作。在演练过程中，武术家们追求的是手眼协调、形意相连，使意识、呼吸与动作达到完美的统一。这种内外合一的哲学理念，正是中国武术在长期历史演进中深受古代哲学、医学、美学等多重文化熏陶的结果，从而形成了独具中华民族特色的运动艺术和修炼方法。

（二）广其形

武术，这一博大精深的运动艺术，其内容与练习形式展现出了惊人的多样性。各类武术项目，无论是其独特的练功方法、精巧的动作结构，还是严谨的技术要求、鲜明的运动风格及各异的运动负荷，都各具特色、各具魅力。这些差异使武术能够广泛适应不同年龄、性格、职业和体质的人，每个人都能根据自己的实际情况和兴趣爱好，选择最适合自己的武术项目进行练习。更值得一提的是，武术运动几乎不受时间和季节的束缚，无论是春夏秋冬，还是早晨与夜晚，都可以尽情投入其中。而关于场地和器材的要求，武术同样展现出了其独特的灵活性，即便在条件简陋的环境下，也能进行练习，为群众性体育活动的开展提供了极大的便利性和可能性。

（三）会其友

武术套路运动具有节奏美，它将踢、打、摔、拿、跌等动作精妙结合，展现出无与伦比的方法之美，而内外合一、形神兼备的和谐之韵更是引人入胜。在激烈的搏斗对抗中，双方不仅展现出精湛的攻防技巧，更流露出敢打敢拼的斗志，这一切都为观众带来了一场视觉上的盛宴和心灵上的激励。将武术的技术动作与惩恶扬善的侠义精神完美融合的武侠文化，不仅给人们带来了强烈的视觉震撼，更在精神上给予了深刻的冲击，极大地丰富了人们的文化生活。群众性的武术活动强调"以武会友"，通过共同的武术爱好，人们切磋技艺、交流思想，不仅扩大了社交圈子，更增进了彼此之间的友谊。随着武术在全球范围内的广泛传播，这一传统运动也促进了我国与国外武术爱好者的深入交流，使他们通过练习武术，更深入地了解中国文化。此外，武术的竞技比赛、武术大会等活动，不仅为武术爱好者提供了展示自我、切磋技艺的舞台，更促进了经贸往来，为经济的繁荣作出了积极贡献。武术不仅是一项运动，更是一种文化的传承和交流，它以其独特的魅力，为世界各地的人们带来了无尽的欢乐和收获。武术套路作为中华传统武术的瑰宝之一，不仅具有深厚的文化底蕴和哲学思想，还能够提升个人身体素质、培养坚韧不拔的精神和自强不息的品格。同时，它还具有很高的实用价值，具有团队协作与社交能力培养的功能。

二、各阶段的关键问题与要素

教学关键问题，指的是在课程实施过程中，为了培养学生的核心素养，必须深入研究和解决的最为核心的学科要点和学习难点。这一点，在牛学文与向佐军所著的《初中历史与社会教学关键问题指导》一书中得到了明确的阐述。具体到武术套路的教学，这些关键问题同样具有深远的影响。在不同的学习阶段，学生会面临各种不同的学习难点和挑战，这些难点和挑战不仅影响着他们的学习进程，也直接关系到他们核心素养的达成。对于武术套路而言，其教学的关键问题涉及多个层面。

首先，确保学生能够准确掌握武术套路的动作规范至关重要。这包括手型、手法、步型、身型等基本功内容，以及正确运用力学原理和注重身体协调性。这些基础技能的掌握，不仅关系到学生的武术技艺水平，更与他们的身心健康密切相关。

其次，教学应遵循由简到繁、由浅入深的原则，逐步提高学生的运动技能。同时，不仅要传授武术技能，还需注重武术精神和中华优秀传统文化的传承，培养学生正确的价值观念。这样的教学方式，不仅能够提高学生的武术技艺，更能够培养他们的文化素养和人文精神。在教学方法上，教师也应灵活多样，结合分解教学、完整示范、分组合作等手段，以提高教学效果。同时，考虑到学生的个性化差异，教师应进行差异化教学，确保每个学生都能得到适当的指导。这样不仅能满足学生的个性化需求，也能更好地激发他们的学习潜能。此外，安全也是不可忽视的一环。在教学过程中，教师应强调热身活动的重要性，并教授正确的发力方式和自我保护技巧，这样不仅能减少运动损伤的发生，也能增强学生的自我保护能力。

最后，理论与实践相结合也是关键。在教学过程中，教师不仅要教会学生如何练，还要让他们明白为什么这样练。这样不仅能全面提高学生的武术技艺，也能促进他们的身心健康。综合解决这些问题后，武术套路教学才能更加有效，达到全面发展的体育教育目标。这样的教学方式，不仅能培养学生的核心素养，更能为他们的全面发展奠定坚实的基础。武术套路学习各阶段的关键问题与关键要素如表2-1所示。

表2-1　武术套路学习各阶段的关键问题与关键要素

阶段	初学阶段	提高阶段	应用阶段
关键问题	知道和掌握武术基本知识、渗透身体协调性的发展、基础力量与柔韧性的初步培养，以及武术礼仪和文化背景的认识；通过反复练习将单个技术动作做准确、规范，并形成初步的动作记忆	流畅地连接各个动作以形成连贯套路，说出并表现出动作中的攻防含义，提高动作的艺术表现力；增强耐力和爆发力，以适应更复杂的情境和长时间的演练	深化对套路的整体理解和个性化演绎，同时保持技术的稳定性和持久性，防止技能退化；结合个人特点，融入自己的风格，能够在不同情境下运用
关键要素	将复杂套路拆解成单一的动作进行细致教学，强调动作要领和技术细节；确保每个动作姿势正确，同时注重对套路速度和节奏的把握	顺利过渡到下一招，做到招招相连，气不断、意不散；进一步理解内功修炼如呼吸配合、劲力运用等，以及外部形体的精细化表达；从套路中提炼实际对抗技术，体会武术的技击价值	追求动作的精准无误，强化肌肉记忆，保证在不同情境下都能稳定发挥；鼓励学生在不失原汁原味的基础上，根据自身条件和审美偏好创新套路的表现形式；不仅要加强体能以支持长时间演练，还要学会调整心态，缓解面对比赛或展示时的压力

三、易犯错误与纠正方法

（一）易犯错误

1. 姿势不标准

在武术套路的演练中，姿势的标准性是至关重要的。然而，许多学生在练习时，出于各种原因，往往会出现姿势不标准的情况。这可能是由于他们缺乏正确的姿势指导，对动作要领的理解不够深入，或者是自身肌肉控制能力不足。例如，在练习弓箭步时，学生可能会因为腰部力量不足或控制不当，导致腰部后仰，从而使上半身失去重心平衡，这样的错误姿势不仅影响动作的美观度，还可能增加受伤的风险。

2. 用力不均

在武术套路中，每一个动作都需要用到身体的不同部位，并且需要协调用力。然而，学生在执行某些动作时，可能会因为用力不均匀或不协调，导致动作的效果大打折扣。例如，在练习箭步搬拦捶时，学生需要腰部和腿部协调发力，如果腰部没有配合发力，那么拳击的威力就会大大减弱。用力不均的问题还可能影响到动作的连贯性和流畅性，使整套动作显得生硬和不协调。

3. 眼神失焦

在武术套路中，眼神的运用是非常关键的，它既是力量的象征，也是判断对手动向的关键。然而，学生在练习时，可能会因为注意力不集中或紧张，导致眼神失焦，这样不仅会影响动作的准确性和反应速度，还会让整套动作显得缺乏生气和力量。因此，教师在教授武术套路时，应该注重培养学生的眼神，让他们学会在动作中保持眼神的集中和坚定。

4. 忽略细节

武术套路中的每一个动作都有其独特的细节要求，这些细节往往决定了动作的质量和效果。然而，学生在练习时，可能会因为疏忽或粗心大意而忽略这些细节。例如，在练习某个动作时，学生可能会忘记手指的弯曲度、脚尖的指向等细节要求。这些细节虽然看似不起眼，却对整个动作的效果和美观度有重要的影响。因此，教师在教授武术套路时，应该注重培养学生的细节意识，让他们在动作中注重每一个细节的处理。

（二）纠正方法

1. 耐心指导

学生在学习和掌握动作的过程中，由于接受能力和协调性的差异，可能出现错误，教师应及时发现这些错误，并采用分解动作、慢速示范、多领做等方法耐心、细致地进行纠正，确保学生逐步掌握正确的技巧。

2. 感知纠正

当学生因肌肉本体感觉差而无法准确控制动作时，教师应强调动作的规格与要求，通过站桩式练习、助力与阻力训练及定向直观法等手段，帮助学生提升肌肉感知，从而纠正错误。

3. 循序渐进

面对身体素质较差、难以完成动作的学生，教师不应急躁，以免挫伤学生的积极性，应采取降低动作难度、逐步引导的方法，让学生逐步适应并提高，最终达到动作要求。

4. 心理调适

对于因心理原因而影响动作表现的学生，教师应进行心理疏导，采取适当的保护与帮助措施，同时逐步增加动作难度，帮助学生克服畏难情绪，纠正心理原因导致的动作错误。

5. 启发理解

当学生因不理解动作性质和作用而出现错误时，教师应根据动作的特点，讲解其攻防含义，通过启发式教学帮助学生理解动作背后的意义，进而纠正错误。

第二节　武术套路的教学法知识

一、教学内容结构化：教材"三个一"设计 》》

在武术教学中，为了使学生系统地学习和掌握武术技能，同时提高学习兴趣和实战应用能力，教师可以采用"三个一"的教材设计：一个单一动作、一个组合练习动作和一个比赛或游戏。单一动作是武术教学的基础，通过反复练习单一动作，学生可以逐渐掌握武术的基本手型、步型、身法和发力方法。在选择单一动作时，教师应考虑动作的难易程度、代表性，以及对学生基础技能的提升作用。组合练习动作是将多个单一动作按照一定的顺序和节奏组合起来进行练习，旨在提高学生的动作连贯性、协调性和实战应用能力。在选择组合练习动作时，教师应考虑动作的衔接流畅性、实战应用性和学生的掌握程度。比赛或游戏是将武术技能应用于实际情境中，通过竞争和合作来检验学生的学习成果和实战能力。在设计和组织比赛或游戏时，教师应考虑学生的年龄、性别、技术水平及安全因素。"三个一"的教材设计在武术教学中具有重要意义，通过单一动作的练习、组合练习动作的练习以及比赛或游戏的应用，学生能够更加系统地学习和掌握武术技能，提高学习兴趣和实战应用能力。

（一）单一练习方法设计与示例

在武术教学中，单一练习方法是一种重要的训练手段，它有助于学生深入理解和掌握每一个动作的要领，从而打下坚实的武术基础。下面以"马步架冲拳"这一经典武术动作为例，介绍单一练习方法的设计与实施。

1. 示例

"马步架冲拳"是武术中常用的一个动作，它结合了马步的稳定性和冲拳的冲击力，能够有效地锻炼腰腿的力量和动作的协调性。这个动作看似简单，但要真正做到标准、有力，需要不断地练习和揣摩。

2. 教师演示

首先，教师应对"马步架冲拳"的动作要领进行详细的讲解和演示。演示时要注重动作的流畅性、标准性和力度感，使学生清楚地看到动作的全过程和要点。

3. 分解步骤练习

为了让学生更好地掌握动作要领，教师可以将"马步架冲拳"分解为若干个步骤进行练习。

（1）马步定型练习：让学生先练习定型的马步。在马步练习中，教师应强调两脚的距离、膝盖的弯曲程度、身体的重心分布等要点，确保学生能够稳定地保持马步姿势。

（2）单独冲拳练习：在马步稳定的基础上，教师可以让学生单独练习冲拳动作。在冲拳练习中，教师应让学生明确如何运用腰腹的力量、手臂的伸直程度和拳头的握紧程度等，确保冲拳动作有力而准确。

（3）合并练习：当学生分别掌握了马步和冲拳的动作要领后，教师可以让他们将两个动作合并起来进行练习。在合并练习中，教师应提醒学生注意动作的连贯性和协调性，确保马步的稳定性和冲拳的冲击力得到有效的结合。

（4）强化腰腿合一的力量传导：为了进一步提升"马步架冲拳"的实战效果，教师可以指导学生强化腰腿合一的力量传导。在练习过程中，教师应让学生体会如何将腰腹的力量通过腿部传递到拳头上，从而增强冲拳的威力和穿透力。

4. 具体示例

教师先对"马步架冲拳"的动作要领进行详细的讲解和演示，确保学生明确动作的要求和标准。

（1）学生按照教师的指导进行马步定型练习。在练习过程中，教师应不断纠正学生的错误姿势，确保他们能够稳定地保持马步姿势。

（2）学生进行单独冲拳练习。在练习过程中，教师应注意学生的拳速、拳力，以及拳面是否平整等要点，并及时给予指导和纠正。

（3）学生将马步和冲拳两个动作合并起来进行练习。在练习过程中，教师应提醒学生注意动作的连贯性和协调性，确保马步的稳定性和冲拳的冲击力得到有效的结合。

（4）教师指导学生强化腰腿合一的力量传导。在练习过程中，教师应让学生体会如何将腰腹的力量通过腿部传递到拳头上，从而增强冲拳的威力和穿透力。

通过这种单一练习方法的设计与实施，"马步架冲拳"这一武术动作的教学将更加系统、科学、有效。学生能够在教师的指导下逐步掌握动作要领和技巧，为后续的武术学习打下坚实的基础。

（二）组合练习方法设计与示例

在武术教学中，组合练习是提高学生动作连贯性、灵活性和实战能力的重要环节。合理的组合技术练习，可以有效锻炼学生的动作转换能力和空间感知能力，使其更加适应实际战斗的需要。

1. 示例

"弓步看拳"和"跃步劈掌"是武术中常见的两个动作，分别具有不同的特点和应用场景。"弓步看拳"侧重于稳定的基础姿势和准确的拳击目标，而"跃步劈掌"更注重身体的灵活性和劈掌的迅猛力量。将这两个动作组合起来练习，可以锻炼学生的动作转换能力和空间感知能力，提高其应对复杂情况的能力。

2. 基础动作训练

首先，教师应对"弓步看拳"和"跃步劈掌"两个动作分别进行详细讲解和演示，确保学生准确地掌握每个动作的要领和技巧，为后续的组合练习打下基础。

3. 动作衔接训练

在学生掌握了基础动作后，教师可以进行动作衔接的训练，要求学生在完成"弓步看拳"后，迅速过渡到"跃步劈掌"的动作。在过渡过程中，教师应强调动作的流畅性和连贯性，以及身体重心的转换和稳定。

4. 连续动作的运用与练习

当学生能够熟练地完成动作衔接后，教师可以逐渐增加练习的难度和复杂度。例如，可以要求学生在一定的时间内连续完成多次"弓步看拳+跃步劈掌"的组合动作，或者在不同的方向、角度和距离上进行两人一组连续劈掌、连续架掌的练习，视频演练中的的组合动作 1 和组合动作 2 就是其中相关动作连续运用的具体表现。

视频演练 2-1：　　　视频演练 2-2：
组合动作 1　　　　　组合动作 2

5. 空间感知训练

在组合技术练习中，空间感知能力也是非常重要的。教师可以通过设置障碍物、改变练习场地等方式，来锻炼学生的空间感知能力；让学生在不同的环境下进行练习，提高其对空间距离的感知和判断能力。

（三）游戏或比赛方法设计与示例

在武术教学中，融入游戏和比赛元素不仅能够提升学生的学习兴趣，还能有效检验学生的技术水平，并提升他们的创新能力和艺术表现力。

1. 示例 1：动作接力游戏介绍

动作接力游戏是一种将武术套路拆分成几个部分，让各小组依次完成动作接力的游戏。这种游戏旨在通过团队合作，锻炼学生的武术技术，同时增强他们的团队合作意识。

视频演练 2-3 中展示的抡臂拍地动作，可在班级中组织各小组进行接力游戏。若在接力游戏比赛中，则以小组成员动作接力最快、最流畅者为取胜小组。

视频演练 2-3：
抡臂拍地

（1）分组与分工。首先，教师将学生分成若干小组，每组人数相等。然后，教师将一套武术套路拆分成若干个部分，每个小组负责其中一个部分的练习。

（2）练习阶段。在练习阶段，每个小组在组长的带领下，对各自负责的部分进行反复练习，确保能够熟练掌握。教师在此期间进行巡回指导，纠正学生的错误动作。

（3）游戏开始。当所有小组都准备好后，游戏正式开始。每个小组按照事先规定的顺序，依次完成各自负责的动作部分。前一个小组完成后，下一个小组立即开始，形成动作接力。

（4）评分与奖励。在游戏过程中，教师可以邀请其他教师或学生担任评委，对每个小组的表现进行评分。评分标准可以包括动作的准确性、流畅性、力度及团队合作精神等方面。最后，根据评分结果，对表现优秀的小组进行奖励。

2. 示例 2：套路创意展示大赛介绍

套路创意展示大赛是一种鼓励学生在标准武术套路基础上加入自创元素，通过竞赛形式展示其创新精神和艺术表现力的比赛。这种比赛旨在激发学生的创造力和想象力，提高他们的艺术鉴赏能力和表演水平。

（1）比赛设计与实施。首先，教师向学生说明比赛规则和要求。学生需要在标准武术套路的基础上，加入至少一个自创元素（如动作改编、音乐配合、道具使用等），形成具有个人特色的武术表演。

（2）准备阶段。在准备阶段，学生可以根据自己的兴趣和特长，选择合适的标准武术套路作为基础，并加入相应的自创元素。教师可以提供指导和建议，帮助学生完善表演方案。

（3）比赛阶段。在比赛阶段，学生按照抽签顺序依次上台表演。每个学生在表演过程中需要充分展示自己的武术技术和艺术表现力，同时保持动作的准确性和流畅性。评委根据评分标准对每个学生的表演进行评分。

（4）评分与颁奖。比赛结束后，评委根据评分标准对每个学生的表演进行评分，并评选出优胜者。最后，对优胜者进行颁奖，并鼓励所有参赛学生继续努力，提高自己的武术水平和艺术表现力。

二、教学方法运用

（一）方法一：小组合作学习法及其案例

1. 含义

小组合作学习法是一种强调学生之间合作与互动的教学模式。在武术教学中，小组合

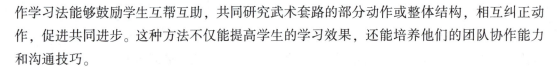

作学习法能够鼓励学生互帮互助，共同研究武术套路的部分动作或整体结构，相互纠正动作，促进共同进步。这种方法不仅能提高学生的学习效果，还能培养他们的团队协作能力和沟通技巧。

2. 方法

在武术课堂上，教师可以根据学生的学习情况和兴趣，将他们分成若干小组。每个小组内部分工合作，共同研究一个武术套路的部分动作或整体结构。教师可以为每个小组分配不同的任务，例如，有的小组负责学习起势和收势，有的小组负责学习中间的几个关键动作等。在小组合作学习过程中，学生需要相互讨论、示范和评价，他们可以一起观看示范视频或教师的演示，然后尝试模仿和练习。在练习过程中，小组成员可以相互纠正动作，指出彼此存在的问题，并共同寻找解决办法。通过小组内部的讨论和协作，学生能够更深入地理解和掌握武术套路的动作要领和技巧。当每个小组都完成自己的任务后，教师可以组织全班学生进行整合展示。每个小组轮流上台展示自己的学习成果，其他小组则进行观摩和学习。在展示过程中，教师可以对每个小组的表现进行点评和指导，帮助他们发现不足并提出改进意见。同时，学生之间也可以相互学习和交流经验，共同提高武术水平。

3. 案例

以"长拳"教学为例，教师可以采用小组合作学习法来组织教学。首先，将全班学生分成若干小组，每个小组负责学习长拳的一个部分。例如，第一组负责学习起势和第一段的几个动作，第二组负责学习第二段的几个动作，以此类推。

在小组内部，学生可以共同观看示范视频或教师的演示，然后尝试模仿和练习。在学习和练习的过程中，按照小组合作学习的方法，通过互相纠正动作、教师组织整合展示、小组轮流展示、教师点评等形式，不断相互学习和交流，共同提高武术水平。

通过这种小组合作学习的方式，学生不仅能够在小组内部相互学习和帮助，还能够通过全班整合展示来检验自己的学习成果。这种教学方法有助于提高学生的学习效果和兴趣，也能够培养他们的团队协作能力，提升他们的沟通技巧。

（二）方法二：任务驱动法及其案例

1. 含义

任务驱动法是一种以任务为核心，通过学生完成任务来驱动学习的教学方法。在武术教学中，任务驱动法可以激发学生的学习兴趣，培养他们的创新能力和实践能力。教师布置具体的武术任务，让学生在规定的时间内进行构思、学习和实践，从而让学生更深入地理解和掌握武术知识和技能。

2. 方法

在武术课堂上，教师可以根据教学内容和学生的实际情况，布置具体的武术任务。例如，教师可以要求学生"设计一套包含三个特定动作的连贯动作"，并规定完成时间和展示要求。这样的任务可以激发学生的创造力和想象力，让他们将所学的武术知识和技能运用到实际中。为了完成这一任务，学生需要自行构思和排练。他们可以小组讨论，共同商讨动作的组合和编排，也可以根据自己的理解和个人喜好进行个性化的创作。在这个过程中，学生需要不断地学习和实践，加深对武术动作的理解。任务完成后，学生需要在课堂上进行展示，这样不仅可以检验学生的学习成果，还可以锻炼他们的表现能力和自信心。在展示过程中，教师可以对学生的表现进行点评和指导，帮助他们发现自己的不足并加以改进。

3. 案例

以"长拳"教学为例，教师可以采用任务驱动法来激发学生的学习兴趣和实践能力。首先，教师可以根据长拳的特点和教学内容，给各个小组布置不同的组合任务。例如，可以要求第一组学生设计一套以"冲拳、弹腿、挂拳"为主要动作的连贯动作，要求第二组学生对"翻身踢、撩阴腿、旋风脚"等动作进行组合等。接下来，各个小组需要自行构思、排练和准备展示。在排练过程中，学生可以相互学习和借鉴，不断改进和完善自己的动作组合。同时，教师也可以提供必要的指导和帮助，确保学生能够顺利完成任务。最后，当所有小组都准备好后，可以在课堂上进行展示。每个小组依次上台展示他们的动作组合，并接受教师和其他同学的点评。在这个过程中，学生可以相互学习和交流经验，共同提高武术水平。

通过任务驱动法的教学，学生不仅能够更深入地理解和掌握长拳的动作要领和技巧，还能够培养他们的创新能力和实践能力。同时，这种教学方法能够激发学生的学习兴趣和积极性，提高武术教学的效果和质量。

（三）方法三：多媒体教学法及其案例

1. 含义

多媒体教学法是通过整合文本、图像、音频、视频等多种媒体资源，来丰富教学内容、提高教学效率的一种教学方法。多媒体教学法能够生动直观地展示武术动作、技巧和战术，激发学生的学习兴趣，加深对武术理论知识的理解和记忆。

2. 方法

（1）动作示范视频。教师可以制作或搜集高质量的武术动作示范视频，通过大屏幕播放给学生看。这种方式能够清晰地展示每一个动作的细节和要领，帮助学生更快地掌握武术动作。

（2）互动教学软件。利用互动教学软件，学生可以在虚拟环境中进行武术动作的模拟练习。互动软件能够实时反馈学生的动作质量，指出存在的问题并给出改进建议。

（3）在线资源分享。建立在线资源分享平台，在该平台上教师和学生可以自由上传和下载武术教学资料、视频教程等。学生可以根据自己的学习进度和兴趣选择适合自己的学习资源。

3. 案例

教师播放并分析武术比赛或表演的视频，让学生深入了解武术在实际应用中的技巧和战术。这种方式能够提高学生的观察力和分析能力。

第三节　武术套路运动的实践案例

一、拳术实践案例

视频演练 2-4：
长拳全套动作

（一）长拳二段套路动作名称及要求

长拳二段套路动作名称及要求如表 2-2 所示（表中演示图片展示的是定势动作，完整动作请参照视频演练 2-4：长拳全套动作）。

表 2-2　长拳二段套路动作名称及要求

顺序	动作名称	动作方法与要求	演示图片
起势 （1 动）	并步抱拳	动作方法：先行抱拳礼，然后并步；两拳收于腰间；甩头目视左方。 要求：收拳，甩头有速度、有力度	
	正踢腿	动作方法：头向前转正，目视前方；两拳变掌经体前交叉由上至体侧成推掌；左脚上步，右腿勾脚直腿踢向额头。 要求：支撑腿、直摆腿直，踢腿有速度	

顺序	动作名称	动作方法与要求	演示图片
起势 （1动）	弓步看拳	动作方法：右脚向前方落地，两掌成两拳于体前交叉，目视两拳方向；成右弓步，左拳向前冲出，拳心朝下；右拳抱于腰际，拳心朝上，目视左冲拳方向。 要求：动作规范，冲拳有力度，手眼一致	
2动	跃步劈掌	动作方法：身体微左转，右膝提起；两拳保持不变，目视左拳方向；右脚上前迈出，身体腾空，两拳变掌抡摆，目视左掌方向；右脚前落，左脚随之落于右脚前，右腿蹬直成左弓步，右掌向前抡臂，力达掌外沿，左掌变拳收抱腰间，拳心朝上，目视前方。 要求：跃步有高度、有速度，劈掌有速度、有力度	
3动	马步架冲拳	动作方法：身体右转90度，左脚内扣，两腿屈膝成马步；右掌成上架，左拳向左侧冲出，拳心朝下，目视冲拳方向。 要求：转体协调有速度，冲拳有力度、有速度	

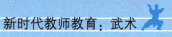

顺序	动作名称	动作方法与要求	演示图片
4动	提膝亮掌	动作方法：左拳变掌，两臂于体前交叉，掌心朝内，目视前方；重心移至右腿，左腿屈膝高提，两臂内旋，向身体两侧划弧分开，左掌变勾手摆至身后，右掌弧形上摆，至头上方亮掌，掌心朝上，目视左前方。 要求：提膝过腰，稳定；动作衔接协调	
5动	弓步架掌	动作方法：左脚下落，右脚后跟退一步，成左弓步；左勾手变掌，由腰间向额前上方架起，掌心朝外，右掌变拳收于腰间，目视架掌方向。 要求：手型与步伐同时完成	
6动	右蹬腿	动作方法：重心前移，右脚提起向前蹬出，左掌变拳收抱腰间，拳心朝上，目视蹬腿方向。 要求：蹬腿有速度、有力度，力达脚跟	

续表

顺序	动作名称	动作方法与要求	演示图片
7动	勾手侧踹	动作方法：右脚落地，脚尖外展，身体微右转，重心移至右腿；身体向右倾斜，左膝提起横脚踹出，右拳变掌，摆至头上亮掌，左拳变勾手摆至体后，目视踹腿方向。 要求：踹腿有高度、有力度	
8动	弓步插掌	动作方法：左脚落于右脚内侧，右脚向前上步成右弓步，右掌由腰间向前额上方插掌，掌心朝左，左勾手变掌，掌心朝上收于左腰间，目视插掌方向。 要求：插掌有力度，力达指尖	
9动	虚步推掌	动作方法：右脚收于左脚内侧成并步，右掌收至腰间，目视前方；右腿屈膝下蹲，左脚提起前伸，脚尖点地成左虚步，两掌向前推出，左掌掌心朝前，右掌附于左肘内侧，目视推掌方向。 要求：手型与步型同步协调	

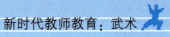

顺序	动作名称	动作方法与要求	演示图片
10 动	弓步架拳	动作方法：左脚迈步成左弓步，左掌变拳，左臂内旋向前额上方曲臂架起；右掌变拳收抱腰间，目视架拳方向。 要求：动作规范	
11 动	马步按掌	动作方法：身体右转，左脚内扣，两腿屈膝成马步，左拳变掌向下盖击，力达掌心，右拳抱于腰间，目视盖掌方向。 要求：转身与按掌协调	
12 动	搂手勾踢	动作方法：重心移至左脚，身体左转，两掌于体前交叉，右掌在外，目视两掌；重心前移，右脚尖勾紧，向前向上勾踢，两掌内旋向下拍，压后，顺势变勾手搂摆至体后，勾尖朝上，目视右前方。 要求：勾踢擦地而行，力达脚背及脚踝	

续表

顺序	动作名称	动作方法与要求	演示图片
13 动	弓步反劈拳	动作方法：左勾手变掌，由上画弧向前按掌，掌心斜朝下，右勾手变拳经腰间向前砸出，力达拳背；右脚前落成右弓步，左掌置于右肘下，目视右拳方向。 要求：按掌与翻拳协调同步	
14 动	丁步勾手亮掌	动作方法：重心后移，右脚收回至左脚内侧成右丁步，右拳变勾手，摆至身后，勾尖朝上，左掌摆至头部上方亮掌，目视右前方。 要求：手型与步型协调同步	
15 动	抡挂臂	动作方法：重心右移，左脚退步，身体右转；左臂由上向前向下抡臂，同时右勾手变掌由下向后抡臂；身体左转，右脚收至左脚内侧，前脚掌着地；右臂抡于体前与肩齐平时，右掌变拳，向下挂于腹前，左掌附于右小臂内侧。 要求：抡臂直、圆，下挂力达小臂	

续表

顺序	动作名称	动作方法与要求	演示图片
16 动	弓步外格	动作方法：右脚向右侧上步，成右弓步，右拳于体前画弧，向前、向外格挡，拳心朝上，左掌按于右肘下方，掌心朝下，目视格挡方向。 要求：按掌与格挡协调同步	
17 动	虚步推掌	动作方法：身体稍右转，左脚收至右脚内侧成并步，亮掌收至腰间，目视前方；身体微右转，右腿下蹲，左脚前伸，脚尖点地成左虚步，两掌向前推出，右掌附于左肘内侧，目视推掌方向。 要求：推掌有力度，虚步保持两腿平行，左脚尖点地	
收势 （18 动）	并步抱拳	动作方法：并步；两拳收于腰间；甩头目视左方。 要求：收拳，甩头有速度、有力度	

（二）长拳二段单元设计

长拳二段单元设计如表2-3所示。

表2-3　长拳二段单元设计

设计者：孙明明

单元名称	长拳二段动作方法与运用
教材分析	长拳二段是姿势舒展、动迅静定、劲力饱满、节奏鲜明的一种武术拳种，是新课标水平四专项运动技能中的中华传统体育类运动教学内容。在初中阶段开展长拳二段的教学，对培养学生的武术兴趣，满足其好胜的心理需求，以及增强其身体素质都有显著的效果；通过课内的模拟情境，以及两人或多人进行对练，还能提高技击实战能力和攻防能力。长拳二段具有丰富独特的练习方法，不仅对学生提高身体素质、塑造良好的体形有极大的作用，更能展现人体内在的精气神，体验武术的技击价值，培养武德修养，塑造优秀人格。 　　适用情境：通过课内的模拟情境提高学生的攻防运用能力。希望学生将攻防技术实际运用到生活中，进行合理的自我保护。在增强学生各项素质的同时，提高学生长拳二段完整套路的攻防组合创编与实际运用能力
学情分析	以七年级学生为例：他们在心理特征方面具有好胜心强、乐于在同学面前展示，但是自我约束能力较弱的特点；在运动能力方面存在显著的差异，尤其是男生与女生之间。学生在小学已经学习基本手型、步型的组合动作，为该学段的学习打下了良好的基础。七年级学生身体素质发育到一定阶段，大部分学生具有较强的力量、速度、灵敏、协调等身体素质，但缺乏动作创编运用的能力，需要教师有效引导。可先学习基本动作和攻防组合，再进行基本动作、攻防组合的结合，最后学习成套动作。鼓励学生进行创编，逐步提高学生展示和实战的能力
单元目标	1. 学生能说出长拳二段对于身体形态、发展肌肉力量的作用，以及安全行为守则；能描述所学长拳二段动作的要领，能掌握长拳二段组合和套路，能简单运用长拳二段进行展示和对抗。 　　2. 学生能在长拳运动中培养操守准则，提升武德修养，促进团队协作，形成正确的胜负观和责任意识。 　　3. 学生将学到的知识运用到单人练习、双人对练、集体展示和班级联赛等各层次比赛中，能较为熟练地运用基本手法、腿法等组合动作，体验攻防中见招拆招的战术，展示出长拳二段基本动作的实践运用能力；增强对动作技术、战术和规则的整体把握，提高实战能力和创新意识
核心任务	套路创编与攻防运用

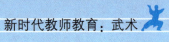

续表

教学过程				
课时	教学内容	教学目标	关键问题	学练策略（学练"三个一"）或体育知识内容
1	长拳二段动作方法1：基本手法	1. 能说出3种以上长拳二段基本手法的名称。 2. 能在教师口令的指挥下完成基本动作；小组练习中能做到劈掌、推掌快，架掌准；发展学生的下肢力量，提高身体各项素质。 3. 善于合作，有拳术攻防意识及良好武德修养	手法规范，发力协调	1. 单一：劈掌、架掌、插掌、推掌、按掌、搂手。 2. 组合：弓步劈掌、弓步架掌、弓步插掌、虚步推掌、马步按掌、搂手勾踢。 3. 比赛：你争我抢。 4. 体能课练习
2	长拳二段动作方法2：基本腿法	1. 能说出3种以上长拳二段基本腿法的名称。 2. 在小组练习中能做出正"踢腿+弓步""蹬腿+踹腿""斜踢+弓步"组合，腿法规范，蹬腿、踹腿快而有力。增强学生速度和力量素质。 3. 善于合作，有拳术攻防意识及良好武德修养	腿法规范，发力协调	1. 单一：正踢腿、蹬腿、踹腿、斜踢。 2. 组合：正踢腿+弓步，蹬腿+踹腿，斜踢+弓步。 3. 游戏：打靶比准。 4. 体能课练习
3	长拳二段练习方法1：长拳二段1~2动	1. 观赏长拳套路视频后，说出长拳二段全套动作的路线及特点；能说出长拳二段1~2动的动作名称，以及组合练习中的演练方法、路线、特点。 2. 在独立练习中做出正踢腿+弓步看拳+跃步劈掌+弓步，并且动作连贯。增强学生的动作速度和力量，以及肢体协调性。 3. 勇于尝试、乐于助人、敢于展示，懂得相互鼓励	跃步迅速，劈掌有力	1. 单一：并步抱拳、正踢腿、弓步看拳、跃步劈掌。 2. 组合：正踢腿+弓步看拳，正踢腿+弓步看拳+跃步劈掌，弓步看拳+跃步劈掌+弓步。 3. 游戏：你攻我防。 4. 体能课练习

课时	教学内容	教学目标	关键问题	学练策略（学练"三个一"）或体育知识内容
		教学过程		
4	长拳二段练习方法2：长拳二段3~4动	1. 能说出长拳二段3~4动的动作名称，以及组合练习中的演练方法、路线、特点。 2. 在独立练习中做出正踢腿+弓步看拳+跃步劈掌+马步架冲拳+提膝亮掌，并且动作连贯。增强学生的动作速度和力量以及肢体协调性。 3. 勇于尝试、乐于助人、敢于展示，懂得相互鼓励	提膝高，独立稳，动作协调	1. 单一：架冲拳、马步架冲拳、提膝、提膝亮掌。 2. 组合：马步架冲拳+提膝亮掌，跃步劈掌+马步架冲拳+提膝亮掌，正踢腿+弓步看拳+跃步劈掌+马步架冲拳+提膝亮掌。 3. 比赛：谁是不倒翁。 4. 体能课练习
5	长拳二段练习方法3：长拳二段5~6动	1. 能说出长拳二段5~6动的动作名称，以及组合练习中的演练方法、路线、特点。 2. 在独立练习中做出正踢腿+弓步看拳+跃步劈掌+马步架冲拳+提膝亮掌+弓步架掌+右蹬腿，并且动作连贯。增强学生的动作速度和力量以及肢体协调性。 3. 勇于尝试、乐于助人、敢于展示，懂得相互鼓励	蹬腿迅速，力达脚跟	1. 单一：弓步架掌、左/右蹬腿。 2. 组合：弓步架掌+右蹬腿，弓步架掌+左蹬腿。 3. 游戏：石头剪子布。 4. 体能课练习
6	长拳二段练习方法4：长拳二段7~9动	1. 能说出长拳二段7~9动的动作名称，以及组合练习中的演练方法、路线、特点。 2. 在独立练习中做出弓步架掌+右蹬腿+勾手侧踹（左腿）+弓步插掌+虚步推掌，动作连贯。增强学生的动作速度和力量以及肢体协调性。 3. 勇于尝试、乐于助人、敢于展示，懂得相互鼓励	踹击有力，发力连贯	1. 单一：勾手侧踹（左腿）、勾手侧踹（右腿）、（右）弓步插掌。 2. 组合：勾手侧踹（左腿）+弓步插掌，勾手侧踹（右腿）+弓步插掌+虚步推掌。 3. 比赛：攻防创编赛。 4. 体能课练习

		教学过程		
课时	教学内容	教学目标	关键问题	学练策略（学练"三个一"）或体育知识内容
7	专项体能练习方法 1：腿法类体能	1. 能说出 3 种以上武术长拳腿法类专项体能的练习方法，了解其在长拳中的作用。 2. 在小组练习中做出正踢腿、蹬腿、踹腿等动作，表现出一定的高度和柔韧性，增强学生的爆发力和柔韧性。独立练习长拳二段 1~9 动，增强耐力和协调力。 3. 勇于尝试、不怕困难、坚持不懈，懂得相互鼓励	动作规范，发力准确	1. 单一：正踢腿、蹬腿、踹腿。 2. 组合：连续 10 次准确的正踢腿+蹬腿+踹腿，练习长拳二段 1~9 动。 3. 比赛：翻山越岭。 4. 体能课练习
8	长拳二段运用方法 1：规则及裁判法	1. 观赏拳术套路视频后，能说出长拳与其他拳种在练习中的不同特点、演练方法、路线等。 2. 快速对套路演练者给予 A 组、B 组质量分的评价。 3. 勇于尝试、乐于助人、敢于展示，懂得相互鼓励	评判的合理性和正确性	1. 欣赏套路。 2. 学习规则及评判方法。 3. 分角色进行演练、评判
9	长拳二段练习方法 5：长拳二段 10~12 动	1. 能说出长拳二段 10~12 动的动作名称、演练特点和评分方法。 2. 在独立练习中能做出弓步架拳+马步按掌+搂手勾（右脚）踢，做到动作连贯，衔接流畅，增强学生的动作速度和力量，以及肢体协调性。在不同情景下，小组进行攻防动作创编，做到攻防动作合理，点到为止。 3. 积极探究、乐于合作，有较好的自我防护意识和公平公正的规则意识	上下肢协调配合	1. 单一：（左）弓步架拳、马步按掌、搂手勾（右脚）踢。 2. 组合：弓步架拳+马步按掌，马步按掌+搂手勾（右脚）踢，弓步架拳+马步按掌+搂手勾（右脚）踢。 3. 游戏：稳如泰山。 4. 体能课练习

课时	教学内容	教学目标	关键问题	学练策略（学练"三个一"）或体育知识内容
			教学过程		
10	长拳二段练习方法6：长拳二段13~14动	1. 能说出长拳二段13~14动的动作名称、演练特点和评分方法。 2. 在独立练习中能做出弓步架拳+马步按掌+搂手勾（右脚）踢+（右）弓步反劈拳+丁步勾手亮掌，做到劈拳迅速，动作连贯，衔接流畅，并相互进行评分。增强学生的演练节奏感和肢体协调性。在不同情景下，小组进行攻防动作创编，做到攻防动作合理，点到为止。 3. 积极探究、乐于合作，有较好的自我防护意识和公平公正的规则意识	动作流畅，发力到位	1. 单一：（右）弓步反劈拳、丁步勾手亮掌。 2. 组合：（右）弓步反劈拳+丁步勾手亮掌，弓步架拳+马步按掌+搂手勾（右脚）踢+（右）弓步反劈拳+丁步勾手亮掌。 3. 比赛：谁是无影手（抡臂比速度）。 4. 体能课练习
11	长拳二段练习方法7：长拳二段15~16动	1. 能说出长拳二段15~16动的动作名称、演练特点和评分方法。 2. 在独立练习中能做出抡挂臂+（右）弓步外格，做到抡臂直，外格攻防准确，动作连贯，衔接流畅，并相互进行评分。增强学生的演练节奏感和肢体协调性。 3. 积极探究、乐于合作，有较好的自我防护意识和公平公正的规则意识	抡臂直，动作衔接连贯	1. 单一：双手抡臂、抡挂臂、（右）弓步外格。 2. 组合：抡臂+拍地，抡挂臂+（右）弓步外格，抡挂臂+不同方向的反劈拳。 3. 游戏：见招拆招。 4. 体能课练习

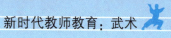

课时	教学内容	教学目标	关键问题	学练策略（学练"三个一"）或体育知识内容
		教学过程		

12	长拳二段练习方法 8：长拳二段 17~18 动	1. 能说出长拳二段 17~18 动的动作名称、演练特点和评分方法。 2. 在独立练习中能做出虚步推掌+并步抱拳，推掌有力，抱拳迅速，做到动作连贯，衔接流畅，并相互进行评分。增强学生的演练节奏感和肢体协调性。 3. 积极探究、乐于合作，有较好的自我防护意识和公平公正的规则意识	动作连贯，协调用力	1. 单一：（左）虚步推掌、（右）虚步推掌、并步抱拳。 2. 组合：虚步推掌+并步抱拳，弓步推掌+并步抱拳，马步推掌+并步抱拳。 3. 比赛：小组创编比赛。 4. 体能课练习
13	专项体能练习方法 2：平衡类体能	1. 能说出 3 种以上武术长拳平衡类专项体能的练习方法，了解其在长拳中的作用。 2. 在小组练习中做出抡臂、提膝、跃步等动作，展现稳定性和协调能力。独立练习长拳二段 10~18 动，增强耐力和上下肢力量。 3. 积极探究、乐于合作，有较好的自我防护意识和公平公正的规则意识	动作规范，连贯协调	1. 单一：抡臂、提膝、跃步。 2. 组合：连续 10 次抡臂+不同方向提膝+不同高度的落地提膝。创编队形和结合音乐"任务单"交流。练习长拳二段 10~18 动。 3. 游戏：超级模仿秀。 4. 体能课练习
14	长拳二段运用方法 2：长拳二段 1~18 动	1. 能说出长拳二段完整套路的运用价值及其在体能锻炼中的运用价值。 2. 在个人展示练习中，能做出长拳二段的整套动作，展现出动作组合的连贯性，表现出武术的"精气神"。增强学生的动作速度和力量。 3. 积极探究、乐于合作，有展示的自信和武德修养	动作规范，演练流畅	1. 单一：欣赏不同班级视频。 2. 组合：长拳二段全套套路练习。 3. 比赛：记忆大师（拍摄记录，分组评价）。 4. 体能课练习

续表

课时	教学内容	教学目标	关键问题	学练策略（学练"三个一"）或体育知识内容
		教学过程		
15	长拳二段运用方法 3：长拳二段自编套路	1. 能说出长拳二段自编套路的运用价值及其在体能锻炼中的运用价值。 2. 个人展示练习中，在音乐伴奏下能做出长拳二段的整套动作，展现出动作组合的连贯性，表现出武术的"精气神"，展现出长拳二段套路创编。增强学生的动作速度和力量。 3. 积极探究、乐于合作，有展示的自信和武德修养	合理创编，"身、息、心"整体统一	1. 单一：欣赏比赛视频。 2. 组合：长拳二段 18 式套路组合创编。 3. 游戏：节奏大师。 4. 体能课练习
16	长拳二段运用方法 4：长拳二段自编攻防组合	1. 能说出长拳二段自编攻防组合的运用价值及其在体能锻炼中的运用价值。 2. 在个人展示练习中，能做出长拳二段的攻防组合动作，展现出长拳二段自由攻防组合创编。增强学生动作的灵敏性和动作力量。 3. 相互配合，主动探索，乐于展示	合理自主地创编，灵活运用	1. 单一：欣赏比赛视频。 2. 组合：长拳二段 18 式套路自主攻防组合创编。 3. 比赛：分组创编展示。 4. 体能课练习
17	长拳二段运用方法 5：长拳二段双人对练	1. 能说出长拳二段双人对练的运用价值及其在体能锻炼中的运用价值。 2. 在双人合作展示练习中，能做出长拳二段的攻防组合动作，点到为止，展现出长拳二段自由攻防组合的创编。增强学生动作的灵敏性和动作力量。 3. 积极探究、乐于合作，有较好的自我防护意识，公平公正	合理创编，配合到位，攻防力度控制	1. 单一：欣赏比赛视频。 2. 组合：长拳二段双人合作攻防组合创编。 3. 游戏：点到为止。 4. 体能课练习

续表

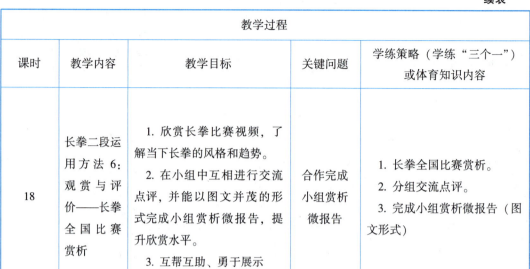

课时	教学内容	教学目标	关键问题	学练策略（学练"三个一"）或体育知识内容
18	长拳二段运用方法6：观赏与评价——长拳全国比赛赏析	1. 欣赏长拳比赛视频，了解当下长拳的风格和趋势。 2. 在小组中互相进行交流点评，并能以图文并茂的形式完成小组赏析微报告，提升欣赏水平。 3. 互帮互助、勇于展示	合作完成小组赏析微报告	1. 长拳全国比赛赏析。 2. 分组交流点评。 3. 完成小组赏析微报告（图文形式）

评价方案	（一）运动能力评价（50%） 1. 等级评价：长拳运动技能的测评（组合、简单套路）、体能的测评。 2. 书面测评：以小组观看比赛后的小组微报告为基础。 3. 记录评价：小组展示时评判工作的表现。 4. 观察、反馈评价：对学练过程中的课堂表现和进步情况进行自评、组评、师评。 （二）健康行为评价（30%） 1. 书面测评：小组制订简单的长拳二段锻炼计划（包括体能练习）。 2. 口头测验：说出 2 个以上长拳二段锻炼的注意事项。 3. 记录评价：每周不少于 1 次的长拳锻炼（打卡统计），能够和他人一起进行长拳锻炼，在运动中表现出合作意识，具备良好的社会适应能力，养成健康生活的意识。 4. 观察评价：在运动学练和比赛对抗中能够形成自我保护意识。小组成员、教师评价学生在学练和比赛中的情绪状态和学习表现。 （三）体育品德评价（20%） 观察评价：结合自评、组评、师评结果，综合评价学生在学练、展示或比赛中表现出的体育精神、道德观和品格

视频演练 2-5：
短棍全套动作

二、器械实践案例 〉〉

（一）健身短棍套路动作名称及要求

健身短棍套路动作名称及要求如表 2-4 所示（表中演示图片展示的是定势动作，完整动作请参照视频演练 2-5：短棍全套动作）。

表 2-4 健身短棍套路动作名称及要求

顺序	动作名称	动作方法与要求	演示图片
预备势		动作方法：两脚并拢，身体直立，左手下垂；右手持棍，夹棍立于右臂内侧；目平视。 要求：身体直立，目光有神	
起势		动作方法：右手将棍垂直上提；左手向内屈收抓握棍把。上动不停。左手将棍垂直上举至右胸前；右手随之松开下落，在左手下抓握棍把；目平视。 要求：棍要垂直上举，双手换把要连贯自然	

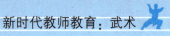

续表

顺序	动作名称	动作方法与要求	演示图片
1动	提膝平抡	动作方法：两手持棍，向右平举，使棍平担于右肩上；同时右腿屈膝下蹲，左脚侧开成弓步；头向左转，目视左前方。上动不停。右腿蹬地后屈膝上提成独立步；同时双手持棍向左平抡，使棍平担于左肩上，头向右转，目视右前方。 要求：棍沿平圆用力抡转，力达棍梢，身体保持平衡	
2动	马步斜劈	动作方法：右脚向右侧落地成马步；同时双手持棍向右下方斜劈，目视棍梢。 要求：动作规范，甩头有速度，劈棍有力度	

续表

顺序	动作名称	动作方法与要求	演示图片
3动	上步平戳	动作方法：左脚外展，向左侧活步；同时左手向左侧平搂；右手持棍随之内收；头向左转，目视左手。上动不停。右脚经左脚内侧上步成马步；同时左手握拳外旋拉收至左腰间，拳心向上，右手持棍随之平戳，头向右转，目视梢端。 要求：动作规范，搂手、戳棍均要借助转身之力	
4动	撤步盖把	动作方法：左脚向右侧后插一步，同时右手持棍经上向左侧挥摆，左手随之上举，在头左侧接握。上动下停。身体向左拧转，右脚后撤一步成弓步；同时左手松握，右手持棍抽拉并立圆向前抡转，使棍把向前下方盖劈，左手随之屈肘收至左胸侧；目视棍把。 要求：两手持棍要松活；棍法与步法配合要协调连贯	

43

顺序	动作名称	动作方法与要求	演示图片
5动	独立劈棍	动作方法：以右脚前掌为轴，身体向右后方拧转，右腿随之屈膝上提成独立步；同时右手滑至把端，左手将棍抡转时滑握棍身，使棍梢随转身劈出；目视棍梢。 要求：转身和抡劈棍同时协调	
6动	震脚前戳	动作方法：右脚向下震踏，左脚随之收提至右脚内侧；同时棍梢下落至胸前；目平视。上动不停。左脚向前上步，右腿蹬伸成弓步；同时上体向左拧转；左手松持棍身，右手握棍把，将棍向前戳出（右手至左肘内侧）；目视梢端。 要求：动作规范，震脚有力，戳棍平	

顺序	动作名称	动作方法与要求	演示图片
7 动	换把举棍	动作方法：左脚内收半步；同时双手持棍向上摆举。上动不停。右手向上、左手向下同时滑握换把。上动不停。右脚向左侧后撤一步；上体向右转；同时双手持棍随之落摆。上动不停。双手持棍继续向下、经右侧向上立举；同时左腿屈膝上提成独立步；头向左转，目平视。 要求：换把、撤步、举棍动作自然连贯	
8 动	弓步劈棍	动作方法：左脚前落成弓步；上体向左拧转；同时双手持棍向前劈击；目视棍梢。 要求：动作规范，劈棍有力度	

顺序	动作名称	动作方法与要求	演示图片
9动	跟步挑把	动作方法：右脚向前迈一步，左脚随之跟进至右脚内侧；上体向右拧转；同时右手滑握后拉，左手滑握上摆，将棍把由下向上挑击；目视把端。 要求：滑握自然，挑把用劲完整	
10动	弓步劈棍	动作方法：左脚上步成弓步；上体向左拧转；同时左手滑握棍把收拉，右手滑握前推，将棍稍向前劈击；目视棍梢。 要求：滑握自然到位；劈棍用拉、推合力	

续表

顺序	动作名称	动作方法与要求	演示图片
11动	转身拨棍	动作方法：身体立起，上体向右转；同时以右手为主将棍梢向右画平圆摆转，左手随之滑握靠近右手。上动不停。身体重心移至左腿，右腿屈膝上提；同时右手将棍梢经后向左摆转，并下落至左肩前；右手随之滑握至右肘下；目视棍梢。上动不停。身体向右后拧转，右脚落地成弓步；同时右手持棍随转体向右平拨，左手随之至右腋下；头向右转，目视棍梢。 要求：转身以腰带腿，拨棍沿平圆路线运转	
12动	马步架棍	动作方法：右手滑握至左手前的同时将棍梢向左平抢。上动不停。双手持棍继续经后，放置左肩；头向左转，目视棍梢。上动不停。双手持棍向右平摆担于右肩上；同时右腿站起，左脚向右脚并步；头向左转，目平视。 要求：抢棍顺势；斜劈有力度	

续表

顺序	动作名称	动作方法与要求	演示图片
收势		动作方法：双手持棍下拉至右胸前，使棍直立；头回转，目向前平视。上动不停。左手持棍下拉；同时右手滑动上伸。上动不停。右手持棍垂直下落至右臂内侧，左手随之自然下落，还原成准备势。目平视前方。 要求：换把连贯，棍垂直下落	

（二）健身短棍单元设计

健身短棍单元设计如表2-5所示。

表2-5　健身短棍单元设计

设计者：孙杭萍

单元名称	健身短棍动作方法与运用
教材分析	教材特征及价值：健身短棍为器械套路中的一种，具有"棍打一大片"的特点。健身短棍具有丰富独特的练习方法，不仅能提高学生身体素质，更能体现人体内在的"精气神"，体验武术的技击价值，培养武德修养，塑造优秀人格，在对练、搏击、攻防等方面具有很高的价值，深受习武之人的青睐和学生的喜欢。在初中阶段开展健身短棍的教学，对培养学生的武术兴趣，满足其好胜的心理需求，增强身体素质，以及提高技击实战能力等方面都有显著的效果。 适用情境：通过课内的模拟情境提高学生的攻防运用能力。希望学生能实际运用到生活中，通过运用短棍、雨伞、木棒等常见物品，进行合理的自我保护。在发展学生各项素质的同时，提高学生健身短棍完整套路的攻防组合创编与实际运用能力
学情分析	学生在小学阶段已经学习了基本手型、步型的组合动作和套路，为水平四的学习打下了良好的基础，但学生对器械武术的了解程度较低。根据水平四学生具有好胜心强、乐于在同学面前展示的特点，可先学习基本动作和攻防组合，再学习基本动作、攻防组合和棍法的结合，最后学习成套动作。鼓励学生进行创编，逐步提高学生展示和实战的能力

续表

单元名称	健身短棍动作方法与运用			
单元目标	1. 学生能说出健身短棍对于身体形态、发展肌肉力量的帮助，以及安全行为守则；描述所学健身短棍动作的要领，掌握健身短棍组合和套路，能简单运用健身短棍进行展示和对抗。 2. 学生能在健身短棍运动中培养操守准则，提升武德修养，促进团队协作，形成正确的胜负观和责任意识。 3. 学生能将学到的知识运用到单人练习、双人对练、集体展示和班级联赛等各层次比赛中，能较为熟练地运用基本棍法的组合动作；学生能体验攻防中见招拆招的战术，展示出健身短棍基本动作的实际运用能力；增强对动作技术、战术和规则的整体把握，提高实战能力和创新意识			
核心任务	健身短棍套路创编与攻防运用			
教学过程				
课时	教学内容	教学目标	关键问题	学练"三个一"
1	健身短棍动作方法 1：基本棍法	1. 能说出 3 种以上健身短棍基本棍法的名称。 2. 在小组练习中能做出抡棍、劈棍、戳棍、挑棍等不同的攻防组合，抡棍平、戳棍直，能击打到目标物。增强学生灵敏和力量素质。 3. 善于合作，有棍术攻防意识及良好武德修养	抡棍平，戳棍直	1. 基本棍法。 2. 上步/转身+基本棍法。 3. 比基本棍法规范性
2	健身短棍动作方法 2：基本棍法	1. 能说出 3 种以上健身短棍基本棍法的名称。 2. 在小组练习中能做出点棍、立圆舞花棍、提撩棍、盖把等不同的攻防组合，做到点棍快，舞花棍、提撩棍立圆。增强学生速度和力量素质。 3. 善于合作，有棍术攻防意识及良好的武德修养	舞花棍、提撩棍立圆，点棍快	1. 基本棍法。 2. 上步/转身+基本棍法。 3. 比基本棍法速度

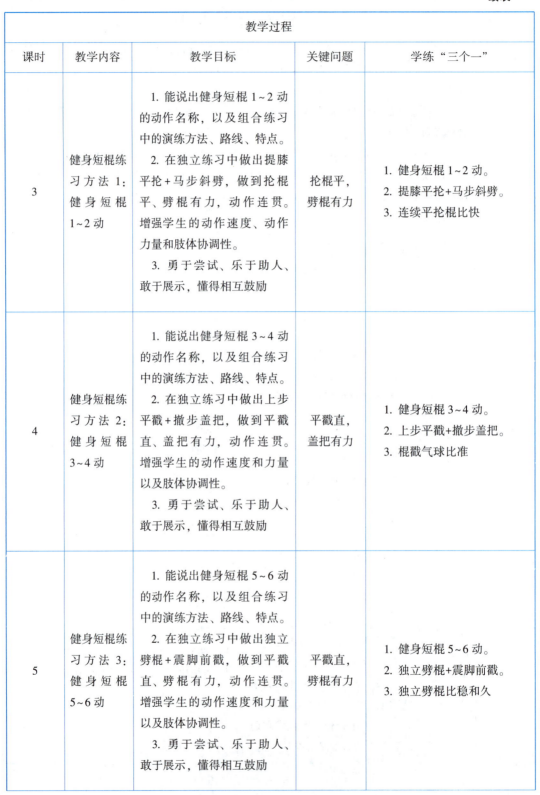

课时	教学内容	教学目标	关键问题	学练"三个一"
		教学过程		
3	健身短棍练习方法1：健身短棍1~2动	1. 能说出健身短棍1~2动的动作名称，以及组合练习中的演练方法、路线、特点。 2. 在独立练习中做出提膝平抡+马步斜劈，做到抡棍平、劈棍有力，动作连贯。增强学生的动作速度、动作力量和肢体协调性。 3. 勇于尝试、乐于助人、敢于展示，懂得相互鼓励	抡棍平，劈棍有力	1. 健身短棍1~2动。 2. 提膝平抡+马步斜劈。 3. 连续平抡棍比快
4	健身短棍练习方法2：健身短棍3~4动	1. 能说出健身短棍3~4动的动作名称，以及组合练习中的演练方法、路线、特点。 2. 在独立练习中做出上步平戳+撤步盖把，做到平戳直、盖把有力，动作连贯。增强学生的动作速度和力量以及肢体协调性。 3. 勇于尝试、乐于助人、敢于展示，懂得相互鼓励	平戳直，盖把有力	1. 健身短棍3~4动。 2. 上步平戳+撤步盖把。 3. 棍戳气球比准
5	健身短棍练习方法3：健身短棍5~6动	1. 能说出健身短棍5~6动的动作名称，以及组合练习中的演练方法、路线、特点。 2. 在独立练习中做出独立劈棍+震脚前戳，做到平戳直、劈棍有力，动作连贯。增强学生的动作速度和力量以及肢体协调性。 3. 勇于尝试、乐于助人、敢于展示，懂得相互鼓励	平戳直，劈棍有力	1. 健身短棍5~6动。 2. 独立劈棍+震脚前戳。 3. 独立劈棍比稳和久

续表

		教学过程		
课时	教学内容	教学目标	关键问题	学练"三个一"
6	健身短棍练习方法 4：健身短棍 1~6 动	1. 能说出健身短棍 1~6 动的动作名称，以及组合练习中的演练方法、路线、特点。 2. 在独立练习中做出提膝平抢+马步斜劈+上步平戳+撤步盖把+独立劈棍+震脚前戳，做到平戳直、劈棍有力，动作连贯。增强学生的动作速度和力量以及肢体协调性。 3. 勇于尝试、乐于助人、敢于展示，懂得相互鼓励	规范动作组合，连贯协调	1. 健身短棍 1~6 动。 2. 提膝平抢+马步斜劈+上步平戳+撤步盖把+独立劈棍+震脚前戳。 3. 比健身短棍 1~6 动的连续性
7	健身短棍练习方法 5：健身短棍 7~8 动	1. 能说出健身短棍 7~8 动的动作名称、演练特点和评分方法。 2. 在独立练习中能做出换把举棍+弓步劈棍，做到动作连贯、衔接流畅，并相互进行评分。增强学生的演练节奏感和肢体协调性。 3. 积极探究、乐于合作，有较好的自我防护意识和公平公正的规则意识	换把连贯，劈棍有力	1. 健身短棍 7~8 动。 2. 换把举棍+弓步劈棍。 3. 劈棍比快
8	健身短棍练习方法 6：健身短棍 9~10 动	1. 能说出健身短棍 9~10 动的动作名称、演练特点和评分方法。 2. 在独立练习中能做出跟步挑把+弓步劈棍，做到动作连贯、衔接流畅，并相互进行评分。增强学生的演练节奏感和肢体协调性。 3. 积极探究、乐于合作，有较好的自我防护意识和公平公正的规则意识	挑把有力，劈棍力达棍尖	1. 健身短棍 9~10 动。 2. 跟步挑把+弓步劈棍。 3. 劈棍比准

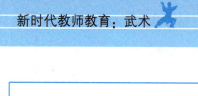

续表

课时	教学内容	教学目标	关键问题	学练"三个一"
		教学过程		
9	健身短棍练习方法7：健身短棍11~12动	1. 能说出健身短棍11~12动的动作名称、演练特点和评分方法。 2. 在独立练习中能做出转身拨棍+马步架棍，做到动作连贯、衔接流畅，并相互进行评分。增强学生的演练节奏感和肢体协调性。 3. 积极探究、乐于合作，有较好的自我防护意识和公平公正的规则意识	转身稳，劈棍有力	1. 健身短棍11~12动。 2. 转身拨棍+马步架棍。 3. 转身+多种步型比稳
10	健身短棍练习方法8：健身短棍7~12动	1. 能说出健身短棍7~12动的动作名称、演练特点和评分方法。 2. 在小组练习中能做出换把举棍+弓步劈棍+跟步挑把+弓步劈棍+转身拨棍+马步斜劈，做到动作连贯、衔接流畅，并相互进行评分。增强学生的演练节奏感和肢体协调性。 3. 积极探究、乐于合作，有较好的自我防护意识和公平公正的规则意识	规范动作组合，发力准确	1. 健身短棍7~12动。 2. 换把举棍+弓步劈棍+跟步挑把+弓步劈棍+转身拨棍+马步斜劈。 3. 比健身短棍7~12动的连续性
11	健身短棍练习方法9：健身短棍1~12动	1. 能说出健身短棍完整套路的运用价值及其在体能锻炼中的运用价值。 2. 在个人展示练习中，能做出健身短棍的整套动作，展现出动作组合的连贯性，表现出武术的"精气神"。增强学生的动作速度和力量。 3. 积极探究、乐于合作，有展示的自信和武德修养		1. 健身短棍1~12动。 2. 健身短棍个人全套展示。 3. 比健身短棍完整性与合理性

续表

教学过程				
课时	教学内容	教学目标	关键问题	学练"三个一"
12	健身短棍运用方法1：健身短棍自编套路	1. 能说出健身短棍自编套路的运用价值及其在体能锻炼中的运用价值。 2. 在个人展示练习中，能做出健身短棍的整套动作，展现出动作组合的连贯性和武术的"精气神"，展现出健身短棍套路创编。增强学生的动作速度和力量。 3. 积极探究、乐于合作，有展示的自信和武德修养	能合理自主创编，体现武术的"精气神"	1. 健身短棍自编套路。 2. 健身短棍12式套路组合创编。 3. 比健身短棍的完整性与合理性
13	健身短棍运用方法2：健身短棍自编攻防组合	1. 能说出健身短棍自编攻防组合的运用价值及其在体能锻炼中的运用价值。 2. 在个人展示练习中，能做出健身短棍的攻防组合动作，展现出健身短棍自由攻防组合创编。增强学生动作的灵敏性和动作力量。 3. 积极探究、乐于合作，有展示的自信和自我防护意识	灵活运用创编动作，攻防力度的控制	1. 健身短棍自编攻防组合。 2. 健身短棍12式套路自主攻防组合创编。 3. 比健身短棍的实用性
14	健身短棍组合运用方法1：健身短棍双人对练	1. 能说出健身短棍自编攻防组合的运用价值及其在体能锻炼中的运用价值。 2. 在双人合作展示练习中，能做出健身短棍的攻防组合动作，展现出健身短棍自由攻防组合创编。增加学生动作的灵敏性和动作力量。 3. 积极探究、乐于合作，有较好的自我防护意识和武德修养	灵活运用创编动作，攻防力度的控制	1. 健身短棍自编攻防组合。 2. 健身短棍双人合作攻防组合创编。 3. 比健身短棍的实用性

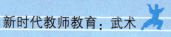

续表

		教学过程		
课时	教学内容	教学目标	关键问题	学练"三个一"
15	健身短棍组合运用方法2：健身短棍三人对练	1. 能说出健身短棍自编攻防组合的运用价值及其在体能锻炼中的运用价值。 2. 在三人合作展示练习中，能做出健身短棍的攻防组合动作，展现出健身短棍自由攻防组合创编。发展学生动作的灵敏性和动作力量。 3. 积极探究、乐于合作，有较好的自我防护意识和武德修养	灵活运用创编动作，攻防力度的控制	1. 健身短棍自编攻防组合。 2. 健身短棍三人合作攻防组合创编。 3. 比健身短棍的实用性
评价建议	（一）运动能力评价（50%） 1. 等级评价：短棍运动技能的测评（组合、简单套路），体能的测评。 2. 书面测评：以小组观看比赛后的赏析微报告为基础。 3. 记录评价：小组展示时评判工作的表现。 4. 观察、反馈评价：对学练过程中的课堂表现和进步情况进行自评、组评、师评。 （二）健康行为评价（30%） 1. 书面测评：小组制订简单的短棍锻炼计划（包括体能练习）。 2. 口头测验：说出 2 个以上短棍锻炼的注意事项。 3. 记录评价：每周不少于 1 次的短棍锻炼（打卡统计），能够和他人一起进行短棍锻炼，在运动中表现出合作意识，具备良好的社会适应能力，养成健康生活的意识。 4. 观察评价：在运动学练和比赛对抗中能够形成自我保护意识。小组成员、教师评价学生在学练和比赛中的情绪状态和学习表现。 （三）体育品德评价（20%） 观察评价：结合自评、组评、师评结果，综合评价学生在学练、展示或比赛中表现出的体育精神、道德观和品格			

第三章　武术格斗运动的教学

第一节　武术格斗运动的学科知识

一、学科价值

　　武术作为中国传统的体育项目，具有深厚的文化积淀和丰富多彩的运动形式。攻防技击是武术的本质属性，因此，武术格斗运动是武术的主要运动形式，也是武术文化形态的重要组成部分。武术格斗运动是指两人或多人按照一定的规则，进行斗智、斗力、斗技的对抗实战形式。它结合了力量、技巧、速度和灵活性，旨在通过各种技术和策略来战胜对手。这种运动在全球范围内都有广泛的爱好者和实践者，各种武术流派和格斗技巧也层出不穷。在我国，武术格斗运动有着深厚的历史和文化背景。自古以来，武术就被视为一种修身养性、锻炼身体、防身自卫的技能。随着时间的推移，武术逐渐演变成了一种竞技运动，并在全球范围内得到了广泛的认可和推广。目前主要有武术散打、武术短兵、武术推手等形式。

　　武术格斗运动具有防身自卫、强身健体、修身养性、文化交流等价值。第一，武术格斗运动具有对抗性。在武术格斗运动中，比赛双方没有固定的动作顺序，而是根据对方技击动作随机处理，斗智、较技，互相捕捉对方的弱点，以己所长制其所短。因此，参与者需要掌握各种技术和策略，包括拳法、腿法、摔法、擒拿等。同时，他们还需要具备出色的身体素质、反应能力和心理素质，才能在比赛中取得胜利。第二，格斗运动作为竞技体育项目，还具有体育的本质属性，即把安全和健康作为自身生存和发展的前提。除了竞技比赛，武术格斗运动还有很多实际应用场景。例如，武术格斗技巧可以帮助人们应对突发事件，保护自己的安全；可以锻炼身体，提高身体的协调性和灵活性。第三，武术格斗运动无论是比赛形式还是技术运用，通过继承和发展，都体现了中国武术的民族性特点。例如，散打的擂台沿袭了中国古代民间打擂的风俗，短兵的器械、服饰传承了中国武术的剑文化、刀文化，太极推手则与中国的阴阳哲学密不可分。

另外，武术格斗运动是一种非常有益的运动方式，它不仅可以锻炼身体、提高技能，还可以培养人的竞争意识、意志品质，此外，武术格斗还具有修身养性、文化交流，以及竞赛、表演、娱乐等多种功能价值。通过学习武术格斗，人们不仅可以锻炼身体，提高自我防卫能力，还可以培养坚韧不拔的意志品质和良好的道德修养。因此，在教学和实践中，应全面、深入地挖掘和传承武术格斗运动的重要价值，重视武术运动攻防技击属性的教育传承，以更好地发挥武术格斗运动在现代社会中的作用。

二、教学各阶段关键问题及要素

攻防技术无论是散打、太极推手还是短兵，都是运用武术中踢打摔拿、掤捋挤按、刺劈挡格等基本方法，以击败对方并保护自己为主要目的，因此攻防技术没有固定的动作顺序。在教学过程中，无论是单个的基本动作、完整的技术动作，还是上下肢结合的组合动作，都应从实战出发，按照一定的步骤练习，使学习者在反复实践中掌握和提高技能，突出地表现武术的技击性和对抗性。武术格斗运动教学课分为以下三个阶段：

第一，初步建型阶段（泛化阶段），是指学习者从最初的无意识到有意识掌握格斗技术的过程。在这一阶段，学习者需要通过大量的实践和反复的练习，逐渐熟悉格斗动作技术的基本要领，并尝试将这些动作融入自己的技战术体系。因此，泛化阶段对于格斗运动的初学者来说至关重要。

第二，配合运用阶段（分化阶段），是学习者不断提高对技战术的运用能力的阶段。

第三，实战提高阶段（巩固和自动化阶段），是对所学技能进行深度加工和整合的过程，是技艺提升的关键环节。

武术格斗学习各阶段的关键问题与教学要素如表 3-1 所示。

三、易犯错误与纠正方法

在武术格斗运动教学中，学生容易犯一些常见错误，这些错误不仅会影响学习效果，还可能带来安全隐患。常见错误与纠正方法主要有以下三类：

表 3-1　武术格斗学习各阶段的关键问题与教学要素

教学阶段	初步建型阶段（泛化阶段）	配合运用阶段（分化阶段）	实战提高阶段（巩固和自动化阶段）
教学内容	基本动作学习和基本素质的练习。攻防技术中的基本动作非常丰富，从动作形式而言，基本动作分为单一动作、复合动作、组合动作等，基本动作学习重点包括动作的运行路线、发力方法、动作力点等。攻防技术的基本素质包括一般素质，如协调、力量、速度、柔韧、耐力等。专项素质，如灵敏、反应、应变、空间感等内容。这些素质需要密切地结合专项技术动作，在专项技术练习中提高，为专项技术服务	配合运用阶段主要进行攻防组合技术的学习和攻防战术的学习。攻防技术组合有多种形式，有上肢组合动作、下肢组合动作、上下肢组合动作、踢打摔组合动作等。攻防战术主要包括主动进攻、防守反击、引进落空等	这一阶段的主要教学任务是通过各种条件实战以及实战了解和掌握技术、战术的运用，进一步提高动作的稳定性和自动化程度。在这一阶段，学生需要不断反思，将之前学到的零散技巧整合成一套连贯的攻防体系
关键问题	首先是动作规范性问题。由于格斗运动的技术动作复杂多样，学生在初步接触时往往难以准确把握每一个细节。如果动作不规范，不仅会影响学习效果，还可能增加受伤的风险。　　其次是技术应用的灵活性问题。格斗运动中的技术动作并不是孤立存在的，而是需要与其他动作相互配合，形成连贯的技战术组合。因此，学生在泛化阶段需要培养自己的技术应用能力，学会根据实际情况灵活运用不同的技术动作。　　最后是战术意识的培养问题。格斗运动不仅是技术的比拼，更是战术和智慧的较量。在泛化阶段，教师需要引导学生逐渐建立起战术意识，学会根据对手的特点和场上形势实时调整自己的战术策略	首先，在这一阶段，教师要及时发现问题，根据问题反复强调正确动作，并要求学生反复练习。　　其次，教师要强调动作细节，充分利用视觉和语言等反馈作用，注重示范与模仿，强化视觉与本体感觉间的联系。　　最后，在这个阶段，教师要通过讲解战术运用情景、进行心理素质培养等，帮助学生建立完整的格斗体系，提高实战能力	首先，在动力定型达到一定程度后，仍要继续强化练习，使动力定型更加巩固。　　其次，教师应对学生提出更高层次的要求，加深理性认识，对动作要精益求精

续表

教学阶段	初步建型阶段（泛化阶段）	配合运用阶段（分化阶段）	实战提高阶段（巩固和自动化阶段）
关键要素	首先，要加强基础动作的规范性训练，教师在教学过程中应抓住动作的主要环节和学生在掌握动作中出现的主要问题。讲授要简练，示范要正确，要从不同部位、不同方向，让学生看清动作的起止路线、动作点、击打部位等，达到初步掌握动作的目的。 　其次，要反复练习，并能发现问题，及时纠正，对正确的动作及时给予肯定并加以强化	首先，教师在教学中对错误动作的纠正，可采用对照和综合分析的方法，帮助学生体会动作细节，使动作越来越准确，并结合技术分析，加深对动作技术的认知。 　其次，在教学中要排除一些安全隐患，保障学生的训练安全，防止运动损伤的发生	首先，在条件实战练习之前，学生必须经过抗击打能力的训练。 　其次，一定要经过条件实战阶段，逐渐过渡到实战阶段。 　最后，在教学中教师可根据不同的教学意图和目的，有针对性地采用不同的个体配对实战

（一）基础动作不规范

（1）表现：在武术格斗类教学中，基础动作是构建技术体系的基础。然而，许多学生往往忽视基础动作的规范性，导致后续技术动作的发展受到影响。例如，拳法、腿法、身法等基础动作不规范，不仅影响技术的发挥，还可能增加受伤的风险。

（2）纠正方法：教师应加强对学生姿势的纠正和指导，确保每一个动作都符合规范；学生也应加强自我练习，通过反复练习形成正确的肌肉记忆；可以通过观看教学视频，加深对规范动作的理解。

（二）动作不连贯

（1）表现：武术格斗运动强调动作的连贯性和流畅性，但学生往往因为对动作要领掌握不足，导致动作之间衔接不自然，缺乏连贯性。

（2）纠正方法：为了提高动作的连贯性和流畅性，学生需要加强对单个动作和动作组合的训练，通过反复练习，逐渐掌握动作之间的衔接技巧，使动作更加自然流畅。

（三）战术意识薄弱

（1）表现：武术格斗不仅是一种技术，更是一种战术对抗。然而，在教学中，教师过于注重学生技术动作的练习，而忽视了对学生战术意识的培养。这导致在实际对抗中，学生往往无法灵活运用技术，难以应对各种战术变化。

（2）纠正方法：在教学中增加战术对抗的练习，提高学生的战术意识；学习并理解各种战术策略，如进攻、防守、反击等；通过模拟实战场景，让学生在实践中体验并应用战术。

武术散打基本技术动作的易犯错误与纠正方法如表3-2所示。

表3-2 武术散打基本技术动作的易犯错误与纠正方法

基本技术动作	技术图示	易犯错误	纠正方法
实战姿势		身体重心过低、前倾或后倾，身体上部保护不够	1. 强调步法灵活移动。 2. 重心控制在两脚之间。 3. 两手紧护躯体
冲拳		上体过于前倾	克服向前俯身的毛病
		腰没有拧转	多做腰绕纵轴方向拧转的练习
		翻肘撩拳	由教师或同伴帮助，或面对镜子，做慢动作练习
		向后引拳，预兆明显	面对镜子或由同伴帮助，用慢速放松练习，体会出拳线路

续表

基本技术动作	技术图示	易犯错误	纠正方法
贯拳		贯拳幅度过大	面对镜子或由同伴帮助，体会路线；动作定型后再加大力量
		翻肘过早，出现甩拳	由同伴帮助，一手拉拳，一手按肘，克服翻肘错误
		向前探身	多体会转腰发力的要领，或由同伴帮助控制身体前探
抄拳		前手拳向外绕行	面对镜子，动作放慢，体会运行路线
		发力时上体后仰，挺腹	体会蹬地转腰的要领，以及内力的运用
		重心上提，歪胯	由同伴一手按头，一手扶胯，边练习边提示改进

续表

基本技术动作	技术图示	易犯错误	纠正方法
蹬腿		提膝不过腰	上体直立，多做提膝靠胸练习
		髋、踝关节放松，力不顺达	多做左右转换的蹬腿练习，注意挺髋并稍前送
踹腿		收腹、屈髋、撅臀	手扶肋木或其他支撑物，一腿抬起，脚不落地，严格按动作要求，由慢到快反复练习踹腿
		上体与腿不能成一条直线	踹腿的高度可适当低些，以后逐渐提升高度
		打击距离短，速度慢，力量小	增加身体素质练习，提高柔韧性、力量和速度

61

基本技术动作	技术图示	易犯错误	纠正方法
鞭腿		脚背放松，膝没内扣	按动作要领多做绷脚背练习，鞭腿击打沙包、脚靶等物
		力点不准，容易受伤	体会击打时脚背的肌肉感觉和发力点
抱腿前顶（详见视频演练3-1）		抱不住双腿	注意下潜接近对手
		摔不到对手	强调两臂后拉与肩顶配合协调

续表

基本技术动作	技术图示	易犯错误	纠正方法
抱腿旋压（详见视频演练3-2）		抱腿不紧	以胸腹部贴紧对方腿部内侧
		摔不到对手	强调提、拉、顶与转腰配合一致
接腿勾踢（详见视频演练3-3）		勾踢不到对方	抱腿时尽量向膝关节以上抄抱，勾踢、转腰动作要协调、快速、完整

视频演练 3-1：抱腿前顶

视频演练 3-2：抱腿旋压

视频演练 3-3：接腿勾踢

63

第二节　武术格斗运动的教学法知识

一、教学内容结构化：教材"三个一"设计 》》

(一) 单一技术练习方法设计与示例

1. 散打冲拳技术练习方法设计

（1）单人空击练习。冲拳技术的细节决定成败。在练习过程中，需要注重拳法的准确性、连贯性和节奏感。可以先单人反复练习空击，仔细体会技术动作的发力要领、动作路线等。同时，可以借助录像设备，对自己的拳法进行录像分析，找出不足之处并加以改进。

（2）打靶练习。为了巩固技术动作，尽快形成正确的条件反射，提高打击力度，可以由教师或同伴，或者借助手靶等辅助器材，运用击打距离、方位、节奏的变化，帮助学生在动态中完成冲拳的击打动作，提高技术和战术质量。

（3）击点练习。由教师或同伴采用手势、口令、靶位等信号，帮助学生及时做出冲拳动作反应。可以击中目标，也可保持一定的距离。要求学生快速做出反应，保证动作质量；动作和信号不宜太复杂。

（4）基础力量练习。冲拳技术的威力源于强大的肌肉力量，因此，基础力量训练是必不可少的。学生可以通过俯卧撑、深蹲等基础的身体训练，增强上肢和躯干的肌肉力量；此外，还可以利用哑铃、杠铃等工具进行专项力量训练，提高拳法的威力。

(二) 组合技术练习方法设计与示例

1. 单人组合技术

实战姿势—左冲拳—右摆拳—前蹬腿—实战姿势。

（1）注重基本功的训练。散打单人组合技术动作是建立在扎实的基本功之上的，因此，在练习组合动作之前，应先进行基本动作的反复训练，如拳法、腿法、身法等。通过不断地练习使这些基本动作成为习惯，为后续的组合动作打下坚实的基础。

（2）明确动作顺序与要点。在进行单人组合技术动作练习之前，首先要明确各个动作的顺序和要点，包括起始动作、过渡动作及结束动作。只有清晰地了解每个动作的要领，才能在练习中做到心中有数，减少错误动作的出现。采用空击的形式进行练习。

（3）分段练习与整体连贯。在练习散打单人组合技术动作时，建议采用分段练习的方法，即先将整个组合动作拆分成若干个部分逐一进行练习，待每个部分都能熟练掌握后，再将它们连接起来，进行整体连贯的练习。这样既能保证每个动作的准确性，又能提高整体的流畅性。

（4）模拟实战环境。为了更好地适应实战需求，在练习散打单人组合技术动作时，应模拟实战环境，包括设定假想敌、调整练习节奏和强度等。通过模拟实战环境的练习，学生能够更好地应对各种突发情况，提高实战能力。

（5）及时反馈与调整。在练习过程中，学生应时刻保持警觉，注意自己的动作是否准确、流畅。同时，可通过录像、拍照等方式记录自己的练习过程，以便及时发现问题并进行调整。此外，还可寻求教练或同伴的反馈意见，以便更全面地了解自己的表现。

2. 双人攻防组合技术

在散打训练中，双人组合技术动作是一种高效且富有挑战性的练习方式，它不仅能够帮助学生提高技术的准确性和实战性，还能够增强双方的协调性和反应能力。下面介绍几种常见的散打双人组合技术动作及其练习方法。

（1）双人攻防组合。双人攻防组合是散打训练中最基本的组合技术之一。练习时，双方需要保持适当的距离，一方发起攻击，另一方则进行相应的防守和反击。例如，甲方发起直拳攻击，乙方迅速用臂部防守并同时发动踢腿反击。这样的练习不仅可以提高学生的反应速度，还能够锻炼他们在实战中快速判断和应对的能力。

（2）双人摔法组合。摔法是散打中的重要技术之一，双人摔法组合则是摔法练习中的有效方式。在这种练习中，双方需要紧密配合，通过互相配合的动作来模拟实战中的各种摔法。例如，甲方可以尝试使用抱腿摔的动作摔倒乙方，而乙方则需要灵活应对，通过调整身体重心和防守动作来防止被摔倒。这样的练习不仅可以提高摔法的准确性，还能增强学生之间的默契和团队协作能力。

（3）双人腿法组合。腿法在散打中占据重要地位，双人腿法组合则是专门针对腿法技术的练习方式。在这种练习中，双方需要灵活运用各种腿法技术，如踢腿、蹬腿、扫腿等。一方发起腿法攻击，另一方则需要迅速判断和应对，采取相应的防守和反击措施。这样的练习不仅可以提高腿法的威力和准确性，还能增强学生的灵活性和协调性。

（4）双人综合技术组合。双人综合技术组合是一种更为复杂和全面的练习方式，它要求双方能够综合运用各种散打技术，包括拳法、腿法、摔法等。在这种练习中，双方需要紧密配合，通过模拟实战场景来锻炼综合技术应用能力和战术意识。这样的练习不仅可以提高学生的技术水平，还能够培养他们的实战能力和应变能力。

在进行散打双人组合技术动作练习时，需要注意以下几点：双方要保持适当的距离和角度，确保动作能够充分发挥威力；动作要准确、迅速，尽量模拟实战中的真实情况；在练习中要注意安全，避免使用过于激烈或危险的动作。

（三）游戏或比赛方法设计与示例

1. 摸肩游戏

在散打教学中，除了基本的拳脚功夫，还有很多趣味性强又能提升实战技巧的游戏，比如摸肩游戏。

摸肩游戏的规则相对简单，参与者两人一组，站在一个相对开阔的空间内，保持一定的距离。游戏开始时，一方试图通过拳法或腿法触摸到对方的肩膀，另一方则需要在移动中避免被击中，并试图回击。不断重复这个过程，直到其中一方无法及时转身或触摸到对方的肩膀为止。

这个游戏不仅要看技术的熟练程度，更多地看学生对距离的判断、时机的把握及战术的运用。在游戏中，攻击者需要快速判断对方的移动轨迹，防守者则需要灵活应变，不断调整自己的位置。这个游戏能够将散打的基本技术融入实战模拟中，使训练更加贴近实战，同时在轻松愉快的氛围中加深对散打技术的理解。

2. 格斗技术的条件实战

在武术格斗教学中，在学生对基本动作和攻防意识有了一定的理解和掌握后，可以在一定的条件限制下进行两人的实战练习。这种接近比赛的方式，通过设定特定的规则、场景和对手特点，使学生在相对安全的环境中体验真实的攻防对抗情境，从而有效地锻炼学生的反应速度、战术运用能力和心理素质。

（1）两人配对，一方主动进攻，另一方防守反击。

（2）双方都可以用各种武术技法，如拳法，包括单击或组合，但要灵活运用。

（3）进攻一方要处理好进攻节奏，只要对方有反击，就可以再次进攻。

（4）实战结束后，学生之间可以进行点评，教师也可以进行重点讲评。

3. 身体素质的游戏——改换目标

（1）让学生围成一个圆圈，选其中一人为追者，另一人为逃者。

（2）追者追逃者，追到则互相交换身份。

（3）逃者可在圆圈上的任何人前方站立，这时其身后的人或身后的最后一人就成为逃者。

（4）根据学生的实际人数，圆圈上前后站立两人或三人，并选择两队学生进行游戏。

二、教学方法运用

在武术格斗运动的教学中，通常采用示范教学、讲解教学、完整教学、分解教学、模拟教学、纠错教学等方法。根据中小学课程标准中提到的"将更多的技术放在情境中学练"与浙江省课堂四化转型中提到的"教学组织小组化"，下面主要以案例的形式呈现小组合作学习法与情境教学法。

（一）方法一：小组合作学习法及其案例

在武术散打教学中，小组合作学习法是一种非常有效的教学方法。这种方法可以帮助学生更好地理解和掌握散打技术，同时培养学生的团队合作精神和协作能力。以下是关于小组合作学习法的散打教学案例。

1. 教学目标

学习并掌握武术散打中的直拳技术，培养学生的协作能力和团队精神。

2. 教学内容

（1）教师首先采用通常的教学方法向学生介绍直拳的基本技术，包括动作要领、发力顺序等。

（2）将学生分成若干小组，每组 4~5 人，进行直拳技术的练习。

（3）教师巡回指导，及时纠正学生的错误动作，并给予必要的指导和帮助。

3. 教学过程

（1）热身活动：学生进行适当的热身活动，如跑步、拉伸等，为接下来的技术练习做好准备。

（2）技术讲解：教师向学生详细讲解直拳的技术要点和发力顺序，使学生对该技术有一个清晰的认识。

（3）小组练习：学生按照分组进行直拳技术的练习。在练习过程中，小组成员之间要相互观察、相互纠正动作，共同提高技术水平。同时，教师要巡回指导，及时纠正学生的错误动作。

（4）技术展示：每个小组选派一名代表进行直拳技术的展示，其他小组成员和教师共同评价展示者的技术水平，并提出改进意见。

（5）总结反思：教师和学生对本次教学活动进行总结反思，总结本次教学的经验教训，为下次教学提供参考。

4. 教学效果

通过小组合作学习法的教学，学生可以更好地理解和掌握直拳技术，同时培养协作能力和团队精神。此外，技术展示环节还可以增强学生的自信心和表现欲，激发他们的学习兴趣和动力。

总之，小组合作学习法是一种非常有效的武术散打教学方法。通过这种方法的教学，学生可以更好地掌握武术散打技术，同时培养团队合作精神和协作能力。在今后的武术散打教学中，可以更多地运用小组合作学习法，以提高教学质量和效果。

（二）方法二：任务驱动法及其案例

在武术散打教学中，任务驱动法是一种非常有效的教学方法。这种方法强调学生通过完成任务来学习武术散打技能，而不是传统的教师讲解和学生模仿的方式。以下是关于在武术散打教学中应用任务驱动法的案例。

1. 教学目标

通过实战模拟任务，让学生掌握武术散打的基本技术，提高实战能力，培养团队协作和竞争意识。

2. 任务设计

（1）分组：将学生分成若干小组，每组 4~5 人，确保每个学生都有机会参与实战模拟。

（2）角色分配：每组学生分别担任攻击方和防守方，轮换进行实战模拟。

（3）实战模拟规则：制定简单的实战模拟规则，如攻击方不能使用过于激烈的动作，防守方不能逃避等。

（4）任务目标：设定任务目标，如攻击方在一定时间内完成指定次数的有效攻击，防守方在一定时间内保持不失分等。

3. 教学过程

（1）教师示范：教师首先进行基本技术的示范，让学生了解正确的技术动作。

（2）学生练习：学生分组进行基本技术的练习，教师巡回指导，及时纠正学生的错误动作。

（3）实战模拟：学生按照任务要求进行实战模拟，教师在过程中观察学生的表现，给予指导和建议。

（4）任务评估：根据任务目标对学生在实战模拟中的表现进行评估，给予反馈和建议。

4. 教学效果

通过任务驱动法的应用，学生在实战模拟任务中能够更加积极地参与学习，提高武术散打技能水平，同时培养团队协作和竞争意识。这种教学方法能够激发学生的学习兴趣，提高学习效果，适合在武术散打教学中进行广泛的推广。

（三）方法三：情景教学法及其案例

在武术短兵教学中，情景教学法是一种非常有效的教学方法，它能够通过模拟实际战斗场景，帮助学生更好地理解和掌握武术短兵的技巧和策略。以下是情景教学法的案例。

1. 教学目标

（1）掌握武术短兵的基本攻击和防御技巧。

（2）提高学生在紧张环境中的应变能力和决策能力。

（3）培养学生的团队合作精神和协调能力。

2. 教学准备

（1）短兵器（如短剑、短棍等）。

（2）防护装备（如护具、头盔等）。

（3）标记好的模拟战场区域。

（4）角色分工卡片（如将军、士兵、侦察员等）。

3. 教学过程

（1）第一阶段：情景导入。

教师简要介绍历史背景：一支小规模的军队计划在夜晚偷袭敌军营地，以取得战略优势。

学生根据角色分工卡片，分别扮演将军、士兵、侦察员等角色。

（2）第二阶段：技能讲解与练习。

教师讲解武术短兵的基本攻击和防御技巧，如刺、劈、挡、格等。

学生分组，互相配合，进行攻击与防御的训练。

4. 教学效果

在武术短兵教学过程中，通过模拟实际战斗场景，让学生在接近实战的环境中体验和学习武术技巧，这种方法打破了传统武术教学中单纯的招式传授，更加注重实战能力的培养。通过情景教学，学生不仅能够快速掌握短兵相接的技巧，还能在模拟实战中锻炼反应能力和心理素质。

第三节 武术格斗运动的实践案例

一、防身术单元设计

防身术单元教学计划如表3-3所示。

表3-3 防身术单元教学计划

设计者：钱明星

单元名称	防身术动作方法与运用
教材分析	教材特征及价值：防身术是凭借拳、腿等技击动作，以制服对方、保护自己为目的的专门技术。整体以近距离和贴身为主，具备简单、实用、易学的特点，可以增强动作速度、力量、爆发力等身体素质，体现武术的实战性。通过攻防练习、合作练习，学生学会防身术的练习与运用方法，加强对武术实战应用的理解。 适用情境：通过防身术的学习提高学生的防身意识、防身能力及临场应变能力。同时，增强学生对于武术技击动作的组合运用与创编能力。学生在生活中遇到人身伤害时能运用防身术进行合理的自我保护
学情分析	学生在小学阶段已经了解和学习了防身术的单个动作，理解了武术要求的速度、力量、灵敏、柔韧等身体素质，但遵循学生身体发展规律，没有进行力量较大、攻防动作较复杂的组合学习，学生对于防身运用也不够了解。根据水平四学生具有好胜心强、乐于在同学面前展示的特点，可先学习基本动作和攻防组合，再学习基本的拳法、腿法，最后学习拳法和腿法的结合。鼓励学生进行创编，逐步提高学生展示和实战的能力

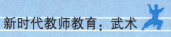

续表

单元名称	防身术动作方法与运用			
核心任务	防身术招式对练、攻防模拟等综合运用			
教学目标	1. 能说出防身术不同拳法、腿法的动作名称，知道动作的攻防特点及作用。 2. 学生能在防身术运动中培养操守准则，提升武德修养，促进团队协作，形成正确的胜负观和责任意识。 3. 乐于探究、善于合作，有安全意识、良好的武术礼仪与武德修养			
教学过程				
课时	教学内容	教学目标	关键问题	学练"三个一"
1	防身术动作方法：基本拳法、腿法	1. 能说出3种基本拳法与腿法的名称及运用方法。 2. 在小组练习中能做出直拳、勾拳、摆拳、蹬腿、踹腿、鞭腿的动作，展现出击打准、速度快的动作特点。增强学生速度、灵敏等素质。 3. 善于合作，有防身意识及良好的武德修养	冲拳踢腿，转腰拧胯	1. 基本拳法。 2. 基本拳法+基本腿法。 3. 比基本拳法的规范性
2	防身术基本拳法的练习方法1：直拳、勾拳、摆拳	1. 能说出3种基本拳法的动作名称、动作路线及练习方法。 2. 在小组练习中能做出直拳、勾拳、摆拳击物的动作，体现直拳直线击出、勾拳转髋蹬地的动作特点。增强学生肢体协调性、爆发力等素质。 3. 善于合作，有防身意识及良好的武德修养	路线正确，击打有力	1. 拳法击物。 2. 前后直拳+勾拳/摆拳。 3. 比拳法击打的准确性

续表

		教学过程		
课时	教学内容	教学目标	关键问题	学练"三个一"
3	防身术基本腿法的练习方法2：蹬腿、踹腿、鞭腿	1. 能说出3种基本腿法的动作路线、击打部位及练习方法。 2. 在小组练习中能做出蹬腿、踹腿、鞭腿击物的动作，体现蹬腿力达脚跟、鞭腿拧腰转胯的动作特点。增强学生下肢力量及灵敏性等素质。 3. 培养学生的竞争意识和挑战精神	起腿迅速，击打准确	1. 腿法击物。 2. 蹬腿+鞭腿/踹腿。 3. 比腿法的击打力量
4	防身术基本步法的练习方法3：上步、撤步、垫步	1. 能说出3种基本移动步法的动作名称、动作要领及练习方法。 2. 在小组练习中能做出上步、撤步、垫步的动作，展现出上步快、撤步稳等动作特点。增强学生下肢协调性、灵敏性等。 3. 培养学生乐于探究、团结协作的精神	转换快，落地稳	1. 多种方向的步法移动。 2. 连续上步+连续撤步/垫步。 3. 比步法的敏捷性
5	防身术组合练习方法1：拳法组合	1. 能说出2种拳法组合动作的名称、动作要点和练习方法。 2. 在小组练习环境中能做出不同拳法组合的防身动作，展示出动作连贯、击打准确、连续进攻的动作特点。增强学生的动作速度、动作力量。 3. 积极探究、乐于合作，有较强的自我防护意识和良好的武德修养	动作连贯，击打准确	1. 前后直拳+勾拳/摆拳。 2. 前后移动+前后直拳/左右摆拳/勾拳。 3. 比拳法组合的连续性

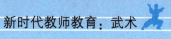

续表

		教学过程		
课时	教学内容	教学目标	关键问题	学练"三个一"
6	防身术组合练习方法2：腿法组合	1. 能说出2种腿法组合动作的名称、动作要点和练习方法。 2. 在小组练习环境中能做出不同腿法组合的防身动作，展示出起腿快、击打准、刚劲有力的动作特点。增强学生的灵敏性、协调性等身体素质。 3. 积极探究、乐于合作，有敢于挑战的精神武德修养	腿法组合连续击打的能力	1. 左蹬腿+右鞭腿/踹腿。 2. 前后移动+左右蹬腿/鞭腿/踹腿。 3. 比腿法组合的连续性
7	防身术组合练习方法3：移动+拳法组合	1. 能说出移动中2种拳法防身组合动作的动作要领和防身方法。 2. 在小组练习环境中能做出移动中拳法的防身组合动作，展示出移动迅速、连续进攻的动作特点。增强学生的动作连续性、动作协调性等素质。 3. 积极探究、乐于合作，有较强的自我防护意识和良好的武德修养	在移动中出拳连续击打的能力	1. 左右移动+拳法。 2. 移动+前后直拳+左右勾拳/左右摆拳。 3. 比移动+拳法组合的连续性
8	防身术组合练习方法4：移动+腿法组合	1. 能说出移动中2种腿法防身组合动作的动作要领和防身方法。 2. 在小组练习环境中能做出移动中腿法的防身组合动作，展示出起腿快、击打准、刚劲有力的动作特点。增强学生的灵敏性、协调性等。 3. 积极探究、乐于合作，有敢于挑战的精神和武德修养	在移动中用腿法连续击打的能力	1. 前后移动+腿法。 2. 移动+左右蹬腿+左右鞭腿/左右踹腿。 3. 比移动+腿法组合的连续性

续表

		教学过程		
课时	教学内容	教学目标	关键问题	学练"三个一"
9	防身术组合运用方法1：左右移动＋拳腿组合	1. 能说出左右移动中2种拳腿组合动作的名称和防身方法。 2. 在小组练习环境中能做出不同拳腿组合的防身动作，展示出动作连贯、击打准确、连续进攻的动作特点。增强学生的动作速度和动作力量。 3. 积极探究、乐于合作，有较强的自我防护意识和良好的武德修养	有距离感，击打准确	1. 左右移动＋拳腿组合。 2. 移动＋左勾拳/摆拳＋右鞭腿；躲闪＋勾拳/摆拳＋鞭腿。 3. 比左右移动＋拳腿组合的连续性
10	防身术组合运用方法2：前后移动＋拳腿组合	1. 能说出前后移动中2种拳腿组合动作的名称和防身方法。 2. 在小组练习环境中能做出不同拳腿组合的防身动作，展示出起腿快、拳法准、刚劲有力的动作特点。增强学生的灵敏性、协调性等。 3. 积极探究、乐于合作，有敢于挑战的精神和武德修养	在移动中连续击打、躲闪的能力	1. 前后移动＋拳腿组合。 2. 移动＋左蹬腿＋右直拳/勾拳；闪躲＋摆拳＋鞭腿。 3. 比前后移动＋拳腿组合的连续性
11	防身术运用方法3：闪躲＋反击	1. 能说出3种防身闪躲动作的名称和动作路线。 2. 在小组练习环境中能做出不同闪躲＋反击组合的防身动作，展示出躲闪有效、反击迅速的动作特点。增强学生的灵敏性、协调性等身体素质。 3. 积极探究、乐于合作，有敢于挑战的精神和武德修养	闪躲的准确性及进行反击的时机	1. 侧闪、后闪、下潜。 2. 侧闪/后闪/下潜＋拳腿组合。 3. 比闪躲的准确性

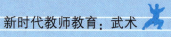
续表

课时	教学内容	教学目标	关键问题	学练"三个一"
12	防身术运用方法4：拳法攻防	1. 能说出防身术拳法所要击打的身体部位，知道击打点及运用方法。 2. 在小组练习环境中能做出拳法击打身体面部、腹部等动作，展示出击打有效、动作有力的特点。增强学生的协调性、爆发力等。 3. 积极探究、乐于合作，有敢于挑战的精神和武德修养	在攻防中击打、闪躲的连贯性及准确性	1. 拳法击物。 2. 移动+闪躲+两人攻防摸肩。 3. 比拳法击打的准确有效性
13	防身术运用方法5：腿法攻防	1. 能说出防身术腿法所要击打的身体部位，知道击打点及运用方法。 2. 在小组练习环境中能做出腿法击打身体面部、腹部等动作，展示出起腿快、动作有力的特点。增强学生的协调性、爆发力等。 3. 积极探究、乐于合作，有敢于挑战的精神和武德修养	在攻防中击打、闪躲的连贯性及准确性	1. 腿法击物。 2. 移动+闪躲+两人攻防踢带子。 3. 比谁的出腿速度快
14	防身术运用方法6：防身术组合动作	1. 能说出5种以上防身技术的动作名称和运用方法。 2. 在小组合作练习环境中能自主创编防身组合动作。 3. 勇于尝试、乐于助人、敢于展示，懂得相互鼓励	在实战中对于防身术的进攻、防守组合运用	1. 防身术组合动作。 2. 防身术动作组合创编。 3. 比防身术组合动作的完整性

教学过程

续表

教学过程				
课时	教学内容	教学目标	关键问题	学练"三个一"
15	防身术运用方法7：防身术攻防组合动作创编	1. 能说出5种以上防身技术的动作名称和运用方法。 2. 在小组练习中，能积极合作，创编防身术的攻防组合动作，进行对抗演练和展示。 3. 敢于挑战、乐于展示，能积极探究，相互帮助	能自主创编并合理运用防身术进行自我保护	1. 防身术攻防组合动作创编。 2. 防身术攻防组合动作创编展示。 3. 比防身术攻防组合动作创编的合理性
评价建议	（一）运动能力评价（50%） 1. 等级评价：防身术运动技能的测评，体能的测评。 2. 书面测评：以小组观看比赛后的赏析微报告为基础。 3. 记录评价：小组展示时评判工作的表现。 4. 观察、反馈评价：对学练过程中的课堂表现和进步情况进行自评、组评、师评。 （二）健康行为评价（30%） 1. 书面测评：小组制订简单的体能锻炼计划。 2. 口头测验：说出2个以上防身术锻炼的注意事项。 3. 记录评价：每周不少于1次的锻炼（打卡统计），能够和他人一起进行防身术锻炼，在运动中表现出合作意识，具备良好的社会适应能力，养成健康生活的意识。 4. 观察评价：在运动学练和比赛对抗中能够形成自我保护意识。小组成员、教师评价学生在学练和比赛中的情绪状态和学习表现。 （三）体育品德评价（20%） 观察评价：结合自评、组评、师评结果，综合评价学生在学练、展示或比赛中表现出的体育精神、道德观和品格			

第四章 武术专项体能与练习方法

第一节 武术专项体能概述

一、武术专项体能的学科知识

武术专项体能，作为武术技艺学习与实践的核心支撑，是学生在武术动作学习、日常训练和激烈比赛中能够充分展现的，与武术运动特性相契合的体能水平。这种体能水平并非一蹴而就，而是经过长时间、多方面的系统训练所累积的，其中涵盖了力量、速度、耐力、柔韧性与协调性等多个关键要素。

在武术的世界里，每一个动作都蕴含着深厚的内涵和技巧，而武术专项体能是这些动作完美展现的基础。它不仅对于执行那些高难度、技巧性强的武术动作至关重要，更是确保动作流畅、准确、有力的关键因素。通过针对性的训练，学生能够显著增强自身的肌肉力量，提高动作的爆发力和攻击力，使每一个动作都充满力量。同时，武术专项体能还能有效提高身体的耐力和持久性。在长时间的武术修炼中，学生需要承受高强度的训练和比赛压力，而良好的体能储备是他们能够持续发挥、保持状态的关键。通过训练，学生的身体耐力得到显著提升，能够应对更长时间的连续训练和比赛，从而在实战中有更加出色的表现。除了身体上的训练，武术专项体能还能在心理上给予学生巨大的帮助。在艰苦的训练和比赛中，学生需要保持冷静，具备坚韧不拔的意志，以应对各种困难和挑战。通过体能训练的磨砺，学生能够更加坚定信念，从而更加从容地面对实战中的各种情况，发挥出自己的最佳水平。

武术专项体能的训练在武术功力教学中扮演着不可或缺的角色，它不仅是提升武技、增强实战能力的基础保障，更是促进学生身心全面发展的重要途径。通过系统的训练和指导，学生能够在体能、技术、心理等多个方面得到全面提升，从而成为更加优秀的武术人才。

二、武术专项体能的特点与要求

武术运动训练是一项严谨而富有深度的训练项目，其中蕴含着若干内在规律，只有深刻理解和严格遵循这些规律，我们才能确保训练的有效性和最终的成功。

（一）武术专项体能训练的特点

1. 功贯始终与寓含技击

"功贯始终"意味着武术基本功的训练应当贯穿整个训练过程，无论是初级阶段还是高级阶段，基本功的训练都是不可或缺的。这种训练不仅有助于获取基本技术与技能，还能作为热身性、专门性的准备活动，减少运动损伤。同时，它也是进行高难度套路练习的基础，能够增强完成高难度动作的信心，提高训练水平。

"寓含技击"则是指在演练过程中，要将技击意识融入套路之中。在这种意识引导下的动作，不仅能让武术动作显得充实饱满，更能体现武术特有的韵味。尽管现代武术套路并非实用技击术，但技击性仍是其显著特点之一。

2. 动静结合与内外互导

"动静结合"强调了在训练中静止性练习与活动性练习的结合。静力性练习有助于动作的准确性和动力定型的形成，动力性练习则能提高动作的灵活性和防止肌肉僵硬。这种结合有助于有效提高武术所需的运动素质和形成正确的动力定型。

"内外互导"则是指"以内导外，以外导内"的训练方法。先外求形体动作的准确与完整，后内求意念、精神、气息的统一，最终达到内外合一的境界。这种内外兼修的训练方法，能够提升武术演练的整体水平。

3. 用心领悟与突出风格

"用心领悟"是武术训练中的一项重要原则。它要求我们在训练中开动思维，用心揣摩动作的精微之处，细心体验动作的感受，追求对动作诀窍的豁然悟通。这样，我们才能展示出武术动作内外合一、形神兼备的整体性。

"突出风格"则是指在演练中要注重表现武术的韵味和特色，包括武术风格、套路风格和个体风格。通过突出这些风格，我们能够充分展现武术的魅力和个性特征。

4. 持之以恒与重复渐进

"持之以恒"是武术训练中的一项基本要求。它告诉我们，练武需要长期的坚持和努力，不能半途而废。只有经过长时间的积累，我们才能逐渐提高技艺水平。

"重复渐进"则是指在训练中需要不断地重复练习，并在重复的基础上逐步提高要求。这种重复并非简单的重复，而是在每次重复中都有所进步和提高。只有这样，我们才能巩固技艺，形成正确的动力定型，并在武术套路演练的技术上精益求精。

（二）武术专项体能训练的要求

1. 全面系统，循序渐进——打造坚实体能基础

在武术身体训练中，始终强调全面系统的训练理念。根据学生的生理结构、心理特质及武术运动本身的特殊要求，制订循序渐进的训练计划，旨在确保学生的每一个身体系统都能够逐步适应训练的负荷，从而提高学生的体能水平，为他们在武术技术上的精进提供坚实的体能基础。

2. 科学配比，专项强化——突出武术专项体能

在训练过程中，注重科学配比：一般身体训练与专项身体训练的比例。在训练的早期，一般身体训练为主，通过全面发展学生的各项运动能力和机能，为后续的专项训练打下坚实的基础。随着学生年龄的增长和能力的提高，应逐渐增加专项身体训练的比重，特别是针对武术基本功的强化训练。这样做的目的是确保学生在专项训练中能够针对武术所需的力量、速度、柔韧性和协调性等素质进行针对性训练，从而显著提高他们的专项体能水平。

3. 把握敏感期，高效提升——加速体能飞跃

在身体训练中，需要精准把握学生各项运动素质发展的敏感期。这一时期是学生身体发育的关键时期，也是身体素质提高最快的阶段。因此，要充分利用这一时期，通过科学合理的训练手段和方法，实现学生身体素质的显著提升。这不仅有助于学生在武术技术上的快速进步，也能为他们的长远发展打下坚实的基础。

4. 技术结合，相得益彰——体能与技术相辅相成

在专项身体训练中，始终将技术训练与身体训练相结合。这意味着在进行身体训练时，会始终贯穿对基本技术规格与动作完成能力的要求。这样的训练方法能够使身体训练与技术训练相互促进、相辅相成。通过身体训练提高学生的体能水平，有助于他们更好地掌握和发挥武术技术；而技术训练的严格要求，又能够检验和提升身体训练的成果。这样的训练模式不仅能巩固和提高学生的基本技术，也能够将身体训练的成果转化为实际的技术水平提升。

5. 学训结合，全面发展——塑造优秀武术人才

在武术训练中，重视学生的文化学习与思想教育。通过学训并重的训练方法，培养学生高尚的武德、优良的作风和坚强的意志品质。同时，采用灵活多样的训练方法，提高学生的参与兴趣，让他们在轻松愉快的氛围中享受训练的过程。这样的训练方法不仅能够促进学生身心的全面健康发展，也能够为他们成为优秀的武术人才打下坚实的基础。

（三）武术专项体能的多维塑造

在深入探讨武术精髓之前，首先需要明确"武术功力"的核心理念。武术功力，不仅局限于个人的技击能力，更是力量、速度、柔韧性、平衡感和耐力等身体机能的综合展

现，是武术实战能力的基石，亦是传统武术教学的核心。

1. 专项体能的锻造

武术专项体能是专为提升武术技能而设计的体能训练项目。它涵盖力量增强、爆发力提升、协调性锻炼及身体各部位肌肉群的均衡发展。强健的体能基础是技术准确执行的基石，同时赋予动作更强的力量感和美感。

2. 动作与组合的精准教学

强调通过单一动作或连贯动作组合的细致教学，使学生掌握正确的练习方法。从基础马步到拳法、腿法的运用，每一步都追求精准与流畅，为学生打下坚实的武术基础。专项素质练习针对特定需求，比如柔韧性训练可以增大关节活动范围，耐力训练可以提升心肺功能，这些训练可以确保学生在执行高难度武术动作时游刃有余。

3. 专项放松身心恢复的秘诀

在高强度训练后，专项放松同样关键。呼吸调节、静态拉伸与冥想等方法，能帮助恢复身体和心理状态，减少受伤风险，为下一次训练储备能量。

武术功力的提升是一个系统而全面的过程，从专项体能的锻造到动作与组合的精准教学，再到专项素质的提升和专项放松，每一环节都至关重要。这些训练不仅能帮助学生在技术上取得突破，更能让他们感受到身体力量的增长、灵活性的改善和整体协调性的提升。只有持之以恒地练习，不断挑战自我、超越自我，加深对武术功力的理解，熟练运用科学训练方法，才能在武术的道路上走得更远，最终达到身心合一的至高境界。

第二节　武术专项准备活动设计与示例

一、武术专项准备活动的意义

武术专项准备活动，作为武术课的重要序幕，是热身运动的精华所在。它旨在短时间内调整学生状态，从生理和心理层面为武术学习做好充分准备。其内容紧扣武术课程的主题，涉及腿法、翻腰、步型、跳跃及跌扑滚翻等核心动作，旨在提升关节灵活性、韧带柔韧性及身体协调性，确保学生安全、高效地进入学习状态。准备活动需具有针对性，紧密结合课程内容和学生实际，确保学生在短时间内掌握动作要领。在专门准备阶段，应着重进行与课程内容紧密相关的、能够逐步提升身体机能的练习，为接下来的学习打下坚实基础。

武术专项准备活动在武术教学中扮演着至关重要的角色，它不仅是学生身体与心理的预热，更是确保教学任务顺利进行、提高教学效果的关键环节。

二、武术专项准备活动的分类与设计 》》

（一）武术专项准备活动的原则

武术专项准备活动是根据武术课的具体内容和学生的实际状况，选择针对性的练习，让学生更快地掌握动作。这类活动的内容与武术课内容接近，主要是为即将进行的武术动作做好充分的准备。例如，如果本节课要学习太极拳的某个招式，那么在专项准备活动中，可以安排一些与太极拳招式相关的腿法、翻腰、步型等练习，以帮助学生更好地理解和掌握动作要领。

1. 目标明确

明确准备活动的目的和任务，确保活动设计能够达到预期效果。

2. 内容合理

根据武术课的具体内容和学生的实际状况，选择合理的准备活动内容，确保活动的针对性和有效性。

3. 形式多样

采用多种形式的准备活动，如集体练习、分组练习、个人练习等，以提高学生的参与度和兴趣。

4. 强度适中

根据学生的年龄、身体状况和运动能力，合理安排准备活动的强度，避免过度运动导致的伤害。

通过合理的分类和设计，确保准备活动的针对性和有效性，为学生更好地掌握武术动作、提高教学效果打下坚实的基础。

（二）武术专项准备活动的分类

1. 柔韧

在武术专项身体素质训练中，柔韧性训练占据举足轻重的地位。良好的柔韧性是学生迅速、精准、协调、流畅地完成一系列技术动作的关键，能够显著提升运动技术水平，并有效预防伤害事故，从而保障并延长学生的运动生涯。相反，柔韧性不足会限制技术动作的幅度，影响动作的协调性和力量的流畅运用，可能导致动作僵硬、不协调等弊端，甚至成为技术错误和韧带拉伤的重要原因。

柔韧素质的发展与训练起始年龄紧密相关。8~12岁是柔韧素质发展的黄金期，把握这一时期进行训练将收获显著成效。在武术基础训练中，要全面重视和发展柔韧性的各个方面，从大关节到小关节都要兼顾，以促进整体关节的灵活性和肌肉的伸展性。在训练过程中，应采取动静结合、上下配合，以及柔韧性与速度、力量相结合的多元化练习方式，这样的全面训练将帮助学生达到柔韧而不软弱、坚韧而不僵硬的理想状态，满足武术专项技术的需求。

进行柔韧性练习时，充分的热身活动至关重要。在涉及外力辅助的压、扳、撕等练习中，应逐步增加力度和加大动作幅度，避免突然的过度用力或急剧拉伸，以防止运动损伤的发生。

（1）在训练实践中，柔韧素质训练可细分为以下三种主要形式：

①主动性练习：指学生主动用力，以拉长相应部位软组织的练习，如压腿、压肩等固定支点练习，以及在最大限度时依赖肌肉力量去维持静态姿势的练习。这种练习包括动力性和静力性两种形式。

②被动性练习：通过外力帮助，让学生的软组织被动拉长，以达到最大活动范围的练习。比如教师或同伴协助的扳腿、撕腿等，以及外力维持的静态姿势练习。被动性练习同样包含动力性和静力性两种形式。

③混合性练习：这是将主动性练习与被动性练习相结合，交替进行的练习方法。这在基础训练阶段尤为常见，如压腿后在教师的辅助下进行扳腿、撕腿等练习。随着训练水平的提升，学生可以逐渐增加带负重的柔韧性练习，以进一步增强柔韧性。

（2）柔韧练习示例。

①正压腿和侧压腿：这是武术套路中两种重要的腿法练习，如图4-1和图4-2所示。这两种腿法练习可以帮助提高腿部的力量、柔韧性和协调性，对于完成其他武术动作和实战技巧有重要的作用。

图 4-1　正压腿　　　　　　　　　　　图 4-2　侧压腿

正压腿的动作要领包括以下几点：

a. 并步站立，一条腿抬起，脚跟放在肋木上，脚尖勾紧，两手扶按于膝上。

b. 两腿伸直，立腰、收髋，上体前屈，向前下做压振动作。

c. 练习时左右腿交替进行，逐渐加大动作幅度和难度。

侧压腿的动作要领包括以下几点：

a. 侧对肋木或一定高度的物体站立，右脚支撑，脚尖外展，左脚跟放在肋木上，脚尖勾紧，右臂上举，左掌附于胸前。

b. 上体向左侧压振：立腰，展髋，直体向侧下压振。

c. 练习时左右交替进行，逐渐加大动作幅度和难度。

在进行正压腿和侧压腿练习时，要注意以下几点：

a. 动作要规范：严格按照动作要领进行练习，不要随意晃动或弯曲身体。

b. 力度要适中：不要过度用力或过于轻松，要根据自己的能力和感受调整力度。

c. 速度要均匀：在压腿过程中，速度要均匀，不要忽快忽慢。

d. 呼吸要配合：在压腿的同时，要注意呼吸的配合，吸气时身体放松，呼气时身体用力。

e. 练习要坚持：正压腿和侧压腿需要一定的时间和耐心来逐渐提高柔韧性和协调性。坚持练习才能取得良好的效果。

②转腰：武术套路中，转腰是一个非常重要的基本动作，它涉及身体的稳定性和灵活性，对于保持身体平衡、发出力量、完成各种动作都有重要的作用。

转腰的动作要领包括以下几个方面：

a. 站立姿势：练习转腰时，要保持身体正直，双腿比肩宽，膝盖屈蹲，双手侧平举保持重心。

b. 转腰动作：转腰时，以腰脊为轴，带动上肢画平圆转动。转动过程中，要保持腰部放松，不要僵硬，同时要注意重心的转移和腿部的配合。

c. 速度与力度：转腰时可以逐渐加速，同时要保持动作的连贯性和协调性。力度要适中，不要过猛过快，以免造成损伤。

练习方法：初学者可以从简单的左右转腰开始练习，逐渐提升转动的角度和速度，提高身体的协调性和稳定性，增强腰部和腿部肌肉的力量，为完成各种复杂的武术动作打下基础。同时，转腰也是提高自身防范能力和技击技巧的基础练习之一。

2. 协调

（1）协调能力是武术运动员多项能力的核心体现，对于提升竞技水平至关重要。武术动作的协调与流畅离不开肌肉发力的合理性。在基础技术训练中，应着重指导学生根据动作需求进行肌肉的收缩与放松。教师需详细讲解动作的路径、起始点、终止点，以及参与发力的肌肉群，并通过精准示范帮助学生形成正确的动作表象。通过逐步加快练习速度和加大强度，使学生在重复练习中逐步体会并掌握合理的发力顺序和肌肉张弛的协调，进而增强肌肉协调发力的能力。协调能力与学生掌握的基础技术动作数量密切相关，在训练中应鼓励学生学习和掌握更多的技术动作；尤其对于年轻学生，更应不断传授新的动作技能；对于经验丰富的学生，则可通过学习不同风格和流派的拳术或器械，来进一步拓宽他们的技术视野，从而提升协调能力。为了发展学生的协调能力，可以逐渐增加练习的难度和技术的复杂性，包括改变动作的速度和节奏。比如，调整已有组合的习惯节奏，对速度和动作频率提出新的要求；也可以变换练习条件，如改变训练场地、使用不同器械，增加异侧肢体的练习次数和器械操作次数等。这些多样化的练习方式，能够有效提升学生的专门协调能力。

（2）协调练习示例。

①左右抡臂是一种常见的武术动作，可以考验学生的协调能力，通常用于增强肩部力量和柔韧性。这个动作要求双臂交替进行旋转，以带动肩部肌肉的运动，从而起到锻炼的作用。

在练习左右抡臂时，需要注意以下几点：一是保持身体直立，双脚分开与肩同宽；二是双手做掌，两臂侧平举；三是以肩为轴心，将左臂向前旋转，同时右臂向后旋转；四是当左臂旋转到极限时，开始反向旋转，即左臂向后旋转，右臂向前旋转；五是在旋转的过程中，要保持双臂与肩平行，不要耸肩或驼背；六是动作要连贯流畅，呼吸要自然平稳。

除了左右抡臂之外，武术中还有很多其他的基础动作和组合动作，如云手、穿掌、白鹤亮翅等，这些动作都需要配合呼吸和意念来进行练习，以达到内外兼修的效果。

②抡臂拍地，一种训练协调性和灵活性的基础动作。在练习时，需要保持身体平衡，以腰为轴，通过大臂带动小臂进行旋转，同时配合甩头动作，将力量传递到拍地的动作上。这个动作可以锻炼到身体的多个部位，如腰部、肩部、手臂等，并且可以提高身体的协调性和灵活性。

在进行抡臂拍地时，需要注意以下几点：一是保持身体平衡，不要左右摇晃；二是以腰为轴，通过大臂带动小臂进行旋转；三是配合甩头动作，将力量传递到拍地的动作上；四是初学者可以先进行分解练习，比如先单独练习抡臂或拍地，再逐渐将动作连贯起来。

3. 力量

力量素质的核心在于需要在短时间内爆发出肌肉力量，即爆发力，以及迅速重复完成动作的速度力量。在武术训练中，强化学生的爆发力和速度力量是力量练习的关键。

（1）腾空跳跃的专项训练。

武术跳跃动作强调爆发式踏跳的力量运用。为了提升学生的弹跳力，教师需要确保肌肉的工作方式、动作结构、发力方向及关节角度与武术腾空跳跃的技术要求相吻合。通过击步摸高、击步冲顶吊球等接近专项技术的弹跳力练习，以及连续腾空飞脚、双飞脚等动作的重复练习，学生能够更有效地掌握和提高跳跃技术。

（2）负重训练的巧妙运用。

速度和力量的提升要求运动员具备逐步克服自身重量和器械重量的能力。负重练习如穿沙背心进行组合、分段、整套的操练，或改变器械的重量，都是有效的训练方法。最重要的是，在练习过程中不改变动作的幅度、速度和规格要求，确保速度和力量都得到充分提升，以满足武术专项力量的需求。

（3）系列重复法的精心实施。

学生在完成动作时展现的劲力，取决于速度力量的发展水平。为了提高这一水平，可以通过改进技术、提升动作速度和加强相关肌群力量的重复练习来实现。例如，通过重复进行胸花、舞花、拦拿扎枪和云扫棍等动作，使学生逐步掌握并提升最大发力和最大速度持续的时间与重复次数。在组合动作练习中，要求动作连贯、衔接紧凑、协调自然，以充分展现完成动作的劲力，从而提升速度力量。

第三节　武术体能练习方法设计与示例

一、设计原则

（1）针对性原则：根据武术项目的特点和学生的个体差异，设计针对性的体能练习方法。

（2）系统性原则：体能练习应包含力量、速度、耐力、柔韧性、协调性和灵敏性等多方面的训练内容。

（3）循序渐进原则：从基础体能开始，逐步提高训练难度和强度，避免过度训练导致学生受伤。

（4）多样性原则：采用多种不同的练习方法和手段，提高学生的参与度，获得更好的训练效果。

二、练习方法示例

（一）力量训练

1. 马步半蹲

马步半蹲是锻炼下肢和核心肌群力量的重要手段。学生可以在保证动作标准的前提下，增加负重或增加每组次数和训练组数。

2. 俯卧撑

俯卧撑是锻炼上肢和胸部肌肉力量的有效方法。学生可以按照标准俯卧撑的姿势进行练习，逐渐增加每组次数和训练组数。

（二）速度训练

1. 快速踢腿

快速踢腿练习可以提高学生的下肢速度和爆发力。学生可以在保证动作标准的前提下，进行快速踢腿练习，比如快速踢击沙袋或其他目标。

2. 冲刺跑

冲刺跑是提高学生速度和爆发力的有效方法。学生可以在田径场上进行短距离（如30米、60米）的冲刺跑训练，注意起跑、加速和冲刺的动作要领。

（三）耐力训练

1. 长跑

长跑是提高学生耐力的基础训练。学生可以根据自身体能水平，选择适当的距离（如3000米、5000米）进行长跑训练，注意保持稳定的呼吸和节奏。

2. 间歇训练

间歇训练是一种高效的耐力训练方法。学生可以进行一定时间的全力冲刺或快速踢腿练习，然后休息一段时间再进行下一组练习。通过不断挑战自身的极限，提高耐力和恢复能力。

（四）柔韧性训练

1. 伸展运动

伸展运动是提高身体柔韧性的基础训练。学生可以进行全身各部位的伸展练习，如肩部、腰部、腿部等部位的伸展运动。注意保持动作的流畅性和舒展性。

2. 平衡练习

平衡练习可以帮助学生提高身体的柔韧性和平衡能力。学生可以选择适合自身的柔韧动作进行练习。

（五）协调性训练

1. 对练训练

对练训练是武术训练中模拟实战的一种形式，通过与他人的交流和较量，提高学生的技巧、协调性和应变能力。学生可以选择适合的对手进行对练训练，注意保持动作的准确性和流畅性。

2. 平衡木行走

平衡木行走可以帮助学生提高身体的平衡能力和协调性。学生可以在平衡木上进行行走、转身等动作练习，注意保持身体的稳定性和平衡性。

第四节 武术专项放松活动设计与示例

一、放松活动的意义与目的

（一）意义

1. 促进身体恢复

武术教学过程中的放松活动对于学生的身体恢复至关重要。在高强度的武术训练后，肌肉和神经系统都处于紧张状态，适当的放松活动能够帮助肌肉松弛，促进血液循环，加速代谢，帮助废物排出，从而加快身体的恢复。

2. 减少运动损伤

放松活动可以有效降低肌肉和关节的紧张度，降低因过度使用而导致的运动损伤风险。此外，放松活动还有助于预防肌肉僵硬和关节僵硬，保持身体的柔韧性和灵活性。

3. 提高训练效果

放松活动能够帮助学生更好地调节身心状态，为下一次的训练做好充分的准备。在放松的过程中，学生可以回顾自己的训练过程，找出不足之处，以便在下次训练中加以改进，从而提高训练效果。

4. 培养良好心态

放松活动有助于缓解学生的紧张情绪和焦虑感，使他们能够在轻松愉悦的氛围中进行训练。这不仅有助于提高学生的训练积极性，还有助于培养他们坚韧不拔、勇于面对挑战的良好心态。

（二）目的

1. 维持身心平衡

武术教学的放松活动旨在帮助学生实现身心的平衡发展。通过放松活动，学生可以释放压力，舒缓紧张情绪，使身心得到充分的放松和休息。

2. 提高武术技能

放松活动是武术教学不可或缺的一部分。通过放松活动，学生可以更好地理解和掌握武术动作的要领和技巧，提高动作的准确性和流畅性，从而提升武术技能水平。

3. 培养武术精神

武术教学不仅仅是为了传授武术技能，更重要的是培养学生的武术精神。放松活动有助于培养学生的耐心、毅力和坚韧不拔的精神，使他们在面对困难和挑战时能够保持冷静和自信。

4. 传承中华文化

武术作为中华文化的瑰宝之一，其教学和传承具有重要意义。通过放松活动，学生可以深入了解武术的文化内涵和历史背景，加深对中华文化的认同感和自豪感。

二、放松活动的分类与设计原则

（一）分类

1. 呼吸训练

呼吸训练是武术放松活动的重要组成部分。通过深呼吸、慢呼吸等方式，学生可以调整呼吸，放松身心，缓解紧张的情绪。

2. 伸展运动

伸展运动是武术放松活动的常用方式。对身体各部位的伸展，可以有效地放松肌肉，增加柔韧性，防止运动损伤。

3. 按摩放松

按摩放松是武术放松活动的另一种方式。对身体各部位的按摩，可以促进血液循环，加速代谢，帮助废物排出，帮助身体快速恢复。

（二）设计原则

1. 针对性原则

设计放松活动时，应根据学生的身体状况和训练需求，选择适合的放松方式。例如，对于肌肉疲劳的学生，可以选择伸展运动和按摩放松；对于情绪紧张的学生，可以选择呼吸训练和瑜伽放松。

2. 循序渐进原则

放松活动应循序渐进，从简单的放松方式开始，逐渐加大难度和复杂度。这样可以帮助学生逐步适应放松过程，提高放松效果。

3. 多样性原则

设计放松活动时，应尽可能采用多种不同的放松方式，以增加学生的兴趣和参与度。同时，多样化的放松方式可以更好地满足不同学生的需求。

4. 安全性原则

在设计放松活动时，应确保活动的安全性，避免使用过于激烈或危险的放松方式，以免对学生造成损伤。

5. 科学性原则

设计放松活动时，应遵循科学原理和方法。根据人体生理学和心理学原理，合理安排放松活动的内容和强度，以提高放松效果。

三、放松活动示例

（一）太极拳放松法

1. 目的

运用太极拳的动作和呼吸，放松全身肌肉，并调整呼吸节奏。

2. 方法

（1）选择一个安静的环境，站直身体，两脚与肩同宽。

（2）闭上眼睛，深呼吸数次，将注意力集中在呼吸上。

（3）缓缓抬起手臂，做出太极拳中的"起势"动作，感受肌肉的自然拉伸。

（4）依次做太极拳的基础动作，如"野马分鬃""白鹤亮翅"等，注意每个动作都要缓慢、流畅，并保持身体的平衡。

（5）在动作过程中，配合深呼吸，吸气时想象将身体中的紧张和压力吸走，呼气时想象将负面情绪排出体外。

（6）完成一系列太极拳动作后，缓慢地收回手臂，放松全身肌肉，感受身心的平静和放松。

（二）武术拉伸放松法

1. 目的

通过对武术中常用肌肉群的拉伸，放松肌肉，提高柔韧性。

2. 方法

（1）选择一个开阔的地方，站直身体。

（2）针对腿部肌肉进行拉伸，如进行"高抬腿"动作后的腿部后伸拉伸，感受大腿后侧肌肉的拉伸感。

（3）针对背部和肩部肌肉进行拉伸，如进行"云手"动作后的肩部转动和背部伸展，感受肌肉的放松和舒展。

（4）针对手臂和手腕进行拉伸，如进行"冲拳"动作后的手臂伸展和手腕转动，缓解手臂和手腕的紧张感。

（5）每个拉伸动作应持续数秒钟，注意动作的流畅性和舒展性，避免过度拉伸，以免受伤。

（三）武术冥想放松法

1. 目的

通过冥想和意念引导，放松身心，提高专注度和内心的平静感。

2. 方法

（1）选择一个安静的环境，坐下或躺下均可。

（2）闭上眼睛，深呼吸数次，将注意力集中在呼吸上。

（3）想象自己正在进行一场武术表演或练习，但这次是在一个宁静、美丽的场景中，如山顶、海边或森林中。

（4）想象自己在这个场景中缓慢地做出武术动作，感受身体的灵活和力量的流动。

（5）在冥想过程中，保持内心的平静和专注，不被外界干扰。

（6）冥想结束后，慢慢睁开眼睛，感受身心的放松和愉悦。

这些放松活动可以结合武术动作进行，帮助学生在训练或比赛后更好地放松身心，恢复体力。同时，这些活动可以作为日常练习的一部分，提高身体的柔韧性和协调性。

第五章 武术教学与德育教育

教育的初心是立德树人，加强和改进德育工作是我国学校教育事业的重要任务之一。《教育部关于印发〈高等学校课程思政建设指导纲要〉的通知》（教高〔2020〕3号）强调，要切实把教育教学作为最基础最根本的工作，深入挖掘各类课程和教学方式中蕴含的思想政治教育资源，让学生通过学习，掌握事物发展规律，通晓天下道理，丰富知识，增长见识，塑造品格，努力成为德智体美劳全面发展的社会主义建设者和接班人。落实立德树人根本任务，必须将价值塑造、知识传授和能力培养三者融为一体，不可割裂。2020年10月，中共中央办公厅、国务院办公厅印发的《关于全面加强和改进新时代学校体育工作的意见》和《关于全面加强和改进新时代学校美育工作的意见》指出，认真梳理武术、摔跤等中华传统体育项目，因地制宜开展传统体育教学、训练、竞赛活动……涵养阳光健康、拼搏向上的校园体育文化，培养学生爱国主义、集体主义、社会主义精神，增强文化自信，促进学生知行合一、刚健有为、自强不息。

2023年2月，习近平总书记在学习贯彻党的二十大精神研讨班开班式上发表重要讲话指出，中国式现代化深深植根于中华优秀传统文化。2024年5月，习近平总书记对学校思政课建设作出了重要指示，强调要以中华优秀传统文化、革命文化和社会主义先进文化为力量根基，把道理讲深讲透讲活，这为新时代学校德育工作的开展指明了方向。中华武术作为中华优秀传统文化的典型代表，集强身健体、磨炼意志、陶冶情操、培养团队精神、弘扬民族精神、传承文化等育人价值于一体，是实施德育教育的重要资源。武术德育教育就是寓价值观引导于武术知识传授和能力培养之中，帮助学生塑造正确的世界观、人生观、价值观，从而促进学生的全面发展。

第一节　德育教育与学校武术教育的融合点

一、德育教育的育人理念与学校武术教育理念契合

德育教育的育人理念旨在通过多方面的教育和实践活动，帮助学生成长为品德高尚、身心健康、能力全面、具有社会责任感的新时代优秀人才。学校武术教育的理念就是在传授武术技艺的同时，对练习者实施"育人"的教育功能，主要体现在礼仪、武德、和谐等思想道德、价值观等方面的教育。可以说，在"课程思政"的教育理念视域下，"立德树人"与"武德"有着高度的同构性。

武德，主要指从事武术活动的人，在社会活动中所应遵循的道德规范，所应具有的道德品质和行为准则。"武德即武道"，是习武者为参与社会、实现社会价值而建立的自我约束与精神自律体系。武德倡导"仁者以天地万物为一体"的仁爱和谐观念，也非常关注习武者在现实生活中的命运和处境。武德教育中大多以"尊师重道、孝悌正义、扶危济贫、见义勇为、虚心请教、屈己待人、助人为乐、戒骄奢淫逸"等品德作为习武人的信条，而"内外兼修、形神兼备、德艺双修、心身并育"等和谐观念，更是建设社会主义和谐社会、弘扬先进文化的重要内容。

简而言之，在学习武术时进行礼仪、武德等教育，可以增强人的社会责任感，为提高自我修养、维护社会的正常秩序起到积极的作用。因此可以说，学校武术教育的理念是学生主体通过武术这一习练方式，从思想上、精神上、理论上、行动上主动感悟"武术文化"内涵，进而形成与"德育教育"相一致的价值观念和道德品质，并将正确的价值观念正确合理地运用于日常生活的各个方面，使学校武术课程实现"知识传授"和"价值引领"的有机结合。

二、德育教育的育人内容与武术文化的内容契合

博大精深的武术文化是中国传统文化与武术的完美融合，如武术与传统哲学、中医理论、军事思想、美学、伦理道德等领域的深度交融。在这个意义上，武术是中国文化的全息影像，是一种独立的文化形态，而武术文化形态确立的标志就是能反映民族文化的基本精神。第一，武术中反映了刚健有为、入世进取的精神，包括自强不息和厚德载物两个方面。因为其作为一种技击术，练习者要倾注勇武顽强和一往无前的精神，而且武术在习练过程中，也要在内外兼修的同时，养"浩然之气"。也就是说，无论外在的技术还是内在的心态，都要体现出积极的刚健有为的精神。第二，武术文化中反映出伦理型文化，反映出重视人际关系的人文精神。中国文化被称为是伦理型文化，强调人是社会的人，重视人与人关系的和谐和睦。武德的存在本身就说明了武术和中国文化"重人际关系"这一特殊

人文精神的联系。其中，"崇礼"是武术文化伦理道德的基础。"礼"不但是中国历史发展中某一时期的典章制度，也包含人们生活的行为规范、规矩、仪礼，从而影响到中国人的政治、伦理、道德、礼仪、民俗和生活习惯，乃至思维方式。武术教学以礼始，以礼终，也是学会守规矩的过程。第三，武术中反映出天人合一、崇尚自然的和谐精神。中国传统文化的最高价值原则是和谐，注重人与自然、人与社会，以及人的自我身心内外的和谐统一。在武术中强调外三合、内三合，不仅是动作上下、内外协调的技术要领和要求，更是武术的一种理论，是由中国传统文化重和谐的价值观决定的。

因此，武术文化教育传承的主要内容不仅仅是"术"，更是"道"。武术之道体现为技艺的最高境界，更表现为通过习武而获得一种超越性的生命体验和人生价值，以及对天道自然、宇宙万物生化之理的感悟和体验。因此，武术教育的内涵与德育教育的"立德树人"在内容上是一致的。

三、德育教育的育人主体与武术文化教育的主体契合

青少年是国家的未来和民族的希望。引导青少年树立和践行社会主义核心价值观，勇做走在时代前列的奋进者、开拓者、奉献者，实现中华民族伟大复兴的中国梦，是中国青年运动的时代主题。学校是民族文化传承的重要阵地，因为青少年正处于人生观、世界观和价值观的形成时期，除思想上有极强的可塑性之外，也最容易受到影响和干扰，因此学校教育受到了全社会及国家的高度重视。中小学生和大学生在课堂上学什么、怎么学是关乎国家前途和民族命运的大事，而德育教育的育人主体是在校的学生。民族文化和民族精神是一个国家和民族的根基。要让青少年一代从小就了解我们中华民族存在的缤纷多彩的文化，以增强民族自信心和自豪感，同时增强民族凝聚力。学校武术文化教育在青少年德育素质教育中扮演着异常重要的作用。"未曾学艺先学礼，未曾习武先习德。"武术技艺和文化传承首先就十分重视对习武者品德的考量和修为。中国传统武术文化也在悠久而独特的伦理思想的培育与规范下，形成了习武者应"习武崇德"的要求，具体表现为练武与修身、习艺与立志、品德与技艺的统一。青少年在学武、习武、悟道的过程中，不但可以练成强壮的体魄、健康的身心，培养吃苦耐劳的意志品质和自强不息的精神，还可以促进青少年发展其个性。

第二节　学校武术教育的德育元素

一、道德修养

武术蕴含深厚的思想政治和道德修养元素，这些元素贯穿于武术的各方面。从武术的实践活动到武术哲学，都体现了中国古代的哲学思想、道德观念和社会规范。武术历来注重礼仪和德行，讲究德技并重、内外兼修，即通过武术修炼促进道德品质的提升，培养尊

师重道、仁爱、忠诚、勇敢、正义、礼貌、谦逊等道德品质。武术强调礼仪的重要性。行拳前、见面问候时需行抱拳礼。武术中的"止戈为武"思想，要求习武者有仁爱之心，即真正的武术高手不轻易使用武力，尽力减少冲突，心存保护弱者、助人为乐的仁爱之心。这教育学生在拥有武力的同时要有所克制，学会正确处理人际关系和化解冲突，提升自我修养和社会责任感。此外，谦虚谨慎也是习武者的重要素养，习武者需要时刻保持谦虚谨慎的态度。因此，在武术教育实践中，教师应该注重德育与技能培养的融合，通过对学生的道德教育和礼仪规范的培养，促进其综合素质的提升和人格的完善。

二、民族精神

武术所体现的民族精神是多方面的，它不仅体现了中国人的智慧，也凝聚了中华民族的道德追求和文化自信。武术蕴含坚韧不拔、自强不息、勇敢拼搏、团结友爱等民族精神；尤其是在我国近现代史中，武术作为一种民族文化象征，被赋予了抵抗外侮与民族自强、民族团结等民族主义和爱国主义内涵。在抗日战争和国家危难时刻，武术家们挺身而出，一致抗敌。武术不仅可以用于防身自卫，还蕴含着同不良势力作斗争的勇气和精神。此外，武术蕴含了自强不息的精神，鼓励个人通过锻炼提升自身素质，这与中华民族的自强不息精神是一致的。因此，在武术教育过程中，教师需要以社会主义核心价值观为基准，弘扬中华武术精神，通过对学生实行武德教育，使学生内化于心、外化于行，在"润物细无声"中将民族精神发扬光大。

三、家国情怀

家国情怀是一种既有深厚的国家和民族情感，又具有开放包容心态的综合性情操，其主要涵盖民族自豪感、社会责任、国防意识、文化传承、国际视野等方面。武术这一中华优秀传统文化承载了丰富的家国情怀。其一，武术不仅是身体上的修炼，更是对优秀民族传统的尊重和传承。练习者不仅可体会到传统文化的智慧，还能够在传统文化中汲取力量，增加民族自豪感和文化认同感。其二，武术强调自律、自我约束与责任担当。通过武术修行，人们不断磨砺意志，培养坚强的意志品质，为中华民族的伟大复兴贡献力量。其三，武术历来奉行"敢为天下先"和"治国平天下"的社会使命感与民族意识，这种精神体现了集体主义思想，强调个人利益需要服从集体利益，不仅要保护自己，更要关爱他人。其四，武术有助于人们了解中华民族优秀文化成果，传播和弘扬中华优秀传统文化和社会主义先进文化。同时，武术还强调基于全球化背景的国际交流与合作、文化传播与融合，丰富了世界文化的多样性，为构建人类命运共同体作出了积极的贡献。

四、意志品质

武术对意志品质的锤炼主要表现在毅力与坚忍、自律与自控、耐心与恒心等方面。其一，武术讲求"冬练三九，夏练三伏""外练一口气，内练筋骨皮"。武术动作的练习需要不断地重复，以达到动作标准和演练流畅的目标，这有助于坚韧不拔、勇于拼搏等意志品质的培养。其二，武术强调身心一统，要求练习者掌握自己的身体和情绪，保持良好的自律和自控能力。练习者需要严格遵守规则和纪律，控制自己的情绪，以便在激烈的对抗中作出正确的判断和应对策略。其三，武术对抗练习使练习者体会并理解尊重对手、遵守规则的重要性，从而在实践中学会自我约束、自我监督。拳技中的"不偏不倚""虚实分明"，较技时的"点到为止""尚德守度""武不犯禁"，均暗含着清晰的行为边界和较强的规则意识，教导练习者要章有所循、行有所依。

五、价值追求

在"和"这一中国传统文化的重要思想之上，我国又形成了独特的武术"和合"文化。"求中贵和""致中和""和而不同"都体现了练习者在处世、立德时的价值诉求。武术的拳理与拳谱，蕴含阴阳五行、动静有序、求中贵和等传统思想，其主要强调身与心、传统与现代、东方与西方、个体与社会的和合等方面，练习者可以在学习中逐步领悟到这些哲学原理与现实生活的联系。其一，武术讲求"内三合"与"外三合"，即心与意合、意与气合、气与力合，手与足合、肘与膝合、肩与胯合，强调万物一体、和谐共生，以追求身体与心灵的高度统一。其二，在武术的传承过程中，练习者不仅要学习传统的武术技艺，还要结合现代的科学理论和国际化观念，实现传统文化传承和创新发展的和合统一。其三，个人与社会的和合主要体现于练习者在个体修养与社会关系中的和谐发展，主要包括团队合作与社会融入的良性互动、文化传承与社会影响的和谐共生，这不仅能促进练习者的个人发展，也能促进社会的进步与发展。

第三节　学校武术德育渗透策略

一、充分挖掘学校武术德育元素

通过挖掘学校武术的德育元素，并将其融入德育教育过程中，可以丰富德育教育的形式和内容，提高德育教育的质量和效果，对于促进学生全面发展、传承弘扬传统文化、提高学生综合素质、营造良好的校园氛围等具有重要意义。武术作为中国传统文化的重要组成部分，其德育元素不仅承载着历史和传统价值，同时需要与时俱进，并赋予其时代内涵。在挖掘学校武术德育元素的过程中，需要处理好几种关系。其一，传统与现代的关系。在继承和弘扬传统武术精神的同时，充分体现现代教育理念，使武术德育与时俱进。其二，德育与技能的关系。武术不仅是技能的培养，更是德育的重要实践环节，需要融合武术的拳技、拳理等，合理梳理育人元素。其三，身体与心灵的关系。武术强调身心合一，需要保持身体训练和心理培养的动态平衡。

二、尊重课程育人规律

尊重课程育人规律是教育的一个基本原则。在武术德育教育的过程中，尊重课程规律意味着要遵循教育的基本规律和学生的认知发展规律，并结合武术教育的特殊性来育人。武术属于术科课程，以身体练习为主，在身体练习的过程中融入文化教育和价值观等教育，需要遵循循序渐进、学生主体性、实践与理论相结合、文化渗透、持续学习、情感熏陶等原则。此外，学校还需要运用不同的教学手段将德育元素潜移默化地贯穿到武术课程中去。

三、精心设计教学过程

武术德育渗透，需要巧妙地将育人元素与教学内容相融合，精心设计教学过程。在进行教学过程设计时，教师应注重武术传统与现代价值观的有机结合，以促进学生对传统文化的创新性理解和应用。其一，在教学目标上，需充分体现武术身心一统的项目特点，把握时代需求，以身体技术诠释文化内涵，合理阐释武术文化的时代价值，以身体技术承载价值理念，以身体技术提升综合素养，切实增强武术德育教育的理论深度。其二，在教学方法上，运用案例教学、情景模拟等多样化教学手段拓展教学空间，激发学生的学习兴趣，切实提高武术德育教育的实效性。其三，需要特别关注武术教学与现代科技手段的有效融合，以构建线上线下、校内校外、课上课下融合发展的武术德育教育体系。

第四节　学校武术德育教学案例

一、案例一：中华武德与礼仪规范

（一）教学目标

使学生了解中华武德的历史起源与基本内涵；使学生了解武术内在的道德规范和精神价值，充分认识到武德在当代社会中的重要意义，引导学生在学习武术技术的同时，注重社交礼仪，培养和提升个人品德修养；引导学生了解并积极践行武德。

（二）教学内容

武德的历史起源与现代发展；武德的重要价值和基本内涵；武德的具体要求，如尊师重道、仁爱、忠诚、勇敢、正义、礼貌、谦逊等。

（三）教学方法

1. 理论讲解

通过讲授武术的历史、哲学理念和道德思想，帮助学生建立武德的基本概念；可以通过课堂理论讲解、线上视频资料和线下分组讨论等形式，使学生理解武德的当代价值。

2. 案例分析

选取霍元甲、杨家将等著名武术家以及他们的光荣事迹，讲述他们如何在武术的实践过程中展现出高尚的武德精神，分析这些事迹（事件）中的武德要素，引导学生思考、讨论。

3. 情景模拟

设置一些实践情景，如进行双人对抗练习时，通过控制力度、让步等行为，让学生在模拟情景中践行武德；通过向教师、对手敬礼，严格遵守礼仪规范等，强调武术训练的礼仪。

4. 分组讨论

组织学生讨论武德在现实生活中的应用，让学生分享自己的见解和经历，通过交流加深他们的武德认识。

5. 日志写作

鼓励学生记录自己的武术学习和武德修养过程，通过写作的方式进行自我反思和自我提升。

6. 校外实践

安排学生参观武术名家工作坊，组织武德文化调研，参与武术教学、表演等公益活动，通过实际行动体现武德精神。

（四）教学评价

1. 行为观察

在课堂教学、训练及日常生活中观察学生的行为表现，评估他们是否遵守武德规范。

2. 同伴互评

让学生互相评价对方的武德表现，增强班级凝聚力。

3. 自我评价

定期让学生写下自己对武德的理解和认识、实践武德后的心得，以及需要改进之处等。

4. 家长评价

向学生家长了解学生在家中的行为表现。

（五）反馈与改进

1. 持续反馈

教师应在教学过程中及时给予学生武德方面的反馈，帮助他们了解自身的进步和不足之处。

2. 改进措施

根据评价结果调整教学计划和教学方法，针对学生的不同需求和问题提供个性化的关注与引导。

（六）教学策略

武术德育是一个"全员、全程、全方位"的教育过程，并且德育不能追求"表面化"和"硬融入"，因此在进行武德、武术历史与文化等理论主题教学时，需要将理论与实践有机结合，加强"德育小课堂"与"社会大课堂"，以及与现实生活的有机融合，以提升德育的实践力度。

二、案例二：武术套路的基本技术育人

（一）教学目标

通过不断重复的基本功练习，培养学生坚韧不拔、勇敢自律等意志品质；在集体训练中加强团队协作，提升集体荣誉感，培养学生的团队精神和竞争意识；通过基本功的学习，体会"上下相随、内外相合"的和谐思想，增强学生对传统文化的认同感和自豪感，激发他们传承传统文化的兴趣和历史责任感。

（二）教学内容

武术套路的基本手型与手法、基本步型与步法，冲拳、劈拳、撩拳等基本拳法，踢、踹、扫等基本腿法，以及翻滚、跳跃等基本身法。

（三）教学方法

1. 示范法

教师进行动作示范，学生观察动作的要领和细节，再进行模仿和学习。

2. 分组教学法

两人一组对基本动作进行口令练习，一方面，可亲身体会动作的要领与发力点，加深对动作内涵的理解；另一方面，通过观察发现对方的不足之处，达到互纠共进的教学目的。

3. 组合技术练习

将单一的技术动作串联起来形成连贯的组合技术，以增强技术的实战应用能力；练习时要注意呼吸节奏与动作的配合，以及意念的引导和集中，使内外合一；组合技术需要大量的重复练习，初始阶段可做慢速练习，随着熟练度的提高，逐渐提升练习速度和力度。

4. 游戏比赛法

通过小组间的组合技术比赛，营造合作与竞争的课堂氛围，培养学生的合作意识、规

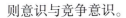

则意识与竞争意识。

（四）教学评价

1. 自我评价

通过自我评价表或反思日记的形式，让学生加深自己对学习武术基本技术的体会，思考如何将技术蕴含的德育内容融入日常生活和武术练习中。

2. 教师评价

教师通过观察学生的课堂表现、参与度及武术技术与德育内容的融合情况来进行评价。同时，教师可通过一对一的访谈或者小组讨论的方式，了解学生对坚韧不拔、勇敢自律、团队协作和公平竞争精神的理解，以及对"上下相随、内外相合"思想的理解程度。

3. 同伴互评

学生可相互评价，这不仅可以提高学生的课堂参与感和团队协作精神，也能增进彼此之间的了解和沟通，营造和谐的课堂氛围。

（五）反馈与改进

1. 持续反馈

通过问卷调查、小组讨论、个别访谈、成果展示等途径，了解学生对武术德育内容的认知程度及德育教育的渗透力度。

2. 改进措施

根据评价结果调整教学计划和教学方法，针对学生的不同需求和问题提供个性化的关注与引导。

（六）教学策略

价值塑造、知识传授和能力培养三者是相互融合、互为一体的。因此，在进行武术的技术教学时，需要注重武术德育与身体实践的融合，善用身体、心智与环境间的交互作用来达到身心一统的目的，从而实现知识、技术与德育的无缝衔接。

三、案例三：武术器械对抗技术育人 ≫

（一）教学目标

掌握武术器械的基本使用方法，了解其历史和文化背景；提高武术器械对抗的技术能力和战术理解力，提升学生的身体素质、协调性和反应速度；培养学生的意志力和心理素质，增强面对压力和挑战时的抗挫能力、解决问题的能力；同时开展武德与思想教育，在对抗练习中贯彻公平竞争、团结协作等社会主义核心价值观的内容。

（二）教学内容

武术器械的发展历史和象征意义、基本招式与套路练习；器械对抗的基本原则、攻防技巧及实战运用；教会学生在保证安全的前提下进行技术运用，让学生掌握基本的运动伤害处理和急救知识；在对抗练习中注重武德教育，如公平对待对手、控制情绪、遵守规则等；提升学生自救互救能力。

（三）教学方法

1. 情景教学法

设计真实的武术器械对抗场景，让学生在模拟的情景中亲身实践对抗的技战术，提升协调性、反应速度，并体会公平竞争、团结协作等社会主义核心价值观的内容。

2. 游戏教学法

设计武术器械对抗游戏，如器械对抗拼图、套路迷宫挑战等，以增加武术器械对抗教学的趣味性和互动性，集中学生注意力。

3. 案例教学

结合武术经典对抗案例（可以是历史上的对抗事件、传说中的武术比赛，也可以是武术比赛或表演的片段）讲解武术器械对抗中的道德、智慧和策略问题，引导学生思考并分析如何应对压力和挑战。

（四）教学评价

1. 自我评价

学生可以撰写学习日志或反思笔记，记录自己在武术器械对抗课程中的学习过程、收获和成长，评价自己的学习效果和德育素养的提升情况。

2. 教师评价

教师通过观察学生在武术器械对抗练习中的表现，对其技术运用、团队合作、规则遵守等方面进行评价。同时，观察学生是否在对抗实战中体现出尊重对手、诚实守规、团结协作等武德精神。

3. 同伴互评

学生进行对抗训练或比赛后，由同学对其表现进行评价，主要从对抗的技术表现、团队合作、身体素质、综合素养、战术运用的策略性等方面进行评价。评价可以针对学生个人表现，也可以针对团队合作和整体表现。

（五）反馈与改进

1. 持续反馈

通过问卷调查、小组讨论、个别访谈、成果展示等途径，了解学生对武术德育内容的认知程度及德育教育的渗透力度，收集他们对课程的意见和建议。

2. 改进措施

关注学生对课程内容、教学方法、教师指导等方面的满意度和改进建议，及时了解课程的优点和不足之处；根据评价结果调整教学计划和教学方法，针对学生的不同需求和问题提供个性化的关注与引导。

（六）教学策略

武术器械对抗通常涉及刀、剑、枪、棍等器械，需要根据学生的特点和实际需求，结合武术对抗技艺的传承与发展、武术德育的内涵和要求，以及现代教育技术的应用场景和互动手段，创新教学方法，增加课堂趣味性，提高学生的参与度，帮助学生更好地理解和掌握对抗技能。例如，利用虚拟现实技术、互动教学平台等创设教学情景，丰富课堂教学手段。

参 考 文 献

［1］浙江省教育厅教研室.《浙江省中小学体育与健康课程指导纲要》配套教师用书［M］. 杭州：浙江教育出版社，2022.

［2］全国体育院校教材委员会. 中国武术教程［M］. 北京：人民体育出版社，2015.

［3］蔡仲林，周之华. 武术［M］. 北京：高等教育出版社，2009.

［4］王国凡，唐世林. 武术基础教程［M］. 合肥：安徽教育出版社，2003.

［5］马传浩. 中国武术简明教程［M］. 南京：河海大学出版社，2008.

［6］国家体委武术研究院. 中国武术史［M］. 北京：人民体育出版社，1997.

［7］王龙飞，姚远，金龙. 市场经济下我国武术经济发展研究［J］. 山东体育学院学报，2011，27（4）：1-6.

［8］薛欣，高永强. 新时代"课程思政"理念下学校武术教育的回归与定位［J］. 南京体育学院学报，2019，2（5）：74-80+2.